稻盛和夫的实学

经营二十四问

[日]稻盛和夫 著

吕美女 译

曹岫云 审译

人民东方出版传媒
People's Oriental Publishing & Media
東方出版社
The Oriental Press

图书在版编目（CIP）数据

稻盛和夫的实学. 经营三十四问 / (日) 稻盛和夫 著；吕美女 译. — 北京 : 东方出版社，2013.5
ISBN 978-7-5060-6345-6

Ⅰ. ①稻… Ⅱ. ①稻… ②吕… Ⅲ. ①企业管理—经验—日本—现代 Ⅳ. ①F279.313.3

中国版本图书馆CIP数据核字（2013）第107757号

稻盛和夫的实学：经营三十四问
（DAOSHENGHEFU DE SHIXUE:JINGYING SANSHISI WEN）

作　　者：［日］稻盛和夫
译　　者：吕美女
审　　译：曹岫云
责任编辑：贺　方
出　　版：东方出版社
发　　行：人民东方出版传媒有限公司
地　　址：北京市东城区朝阳门内大街166号
邮　　编：100010
印　　刷：北京文昌阁彩色印刷有限责任公司
版　　次：2013年6月第1版
印　　次：2024年5月第12次印刷
印　　数：49501—54500册
开　　本：880毫米 × 1230毫米　1/32
印　　张：7.375
字　　数：134千字
书　　号：ISBN 978-7-5060-6345-6
定　　价：32.00元
发行电话：（010）85924663　85924644　85924641

前言

《实践经营问答》(PHP研究所)出版于1998年，是将我主办的盛和塾学习会的内容进行整理、编辑而成的。

1983年，为了响应京都地区经营者们的强烈呼声，我创办了盛和塾，主要是传习我的企业管理经验和经营哲学。目前，国内有五十三塾，海外有九塾，塾生人数超过六千名。

我每年会出席十几次在全国各地举办的学习会，以一个志愿者的身份教授自己通过经营公司而获得的经营理念与哲学。

“经营问答”是盛和塾学习会的一种形式。所谓“经营问答”，就是塾生们就其努力经营中所遇到的瓶颈、难题、苦恼和困惑向我提问，我则基于自己的经营经验给予解答。

本书就是从这样的“经营问答”中，选取经营者以及组织的领导者，谁都会遇到的问题和我的解答，加以整理，呈现给大家。

值得欣慰的是，自出版以来，我们收到了众多读者的评价，他们从中“学到了可实践的经营方法和领导者该有的姿态”。

自初次出版至今已经十载有余，这次又收到PHP研究所的再版提议，他们认为“这本书运用具体案例，讲述了即使跨越时代也不会改变的经营的原理原则，这些内容在今天也不过时。因此，我们希望重新出版本书，呈献到更多的经营者、商务人士的手头案边。

也由此，我对内容稍做修正，将它作为商务新书系列的一卷，重新出版。

自泡沫经济崩溃至今已约二十年，日本经济仍在低迷中徘徊，企业经营的严峻状况仍在持续。

另一方面，新兴经济体的经济飞速增长，那些曾在日本国内显赫一时的企业却在全球化的市场中悄然失去了竞争力。

很多的经营者、管理干部丧失信心，不知如何为公司掌舵，不知怎样才能让公司发展强大，为此深感困惑和苦恼。

值得庆幸的是，很多盛和塾塾生企业能够上下一心，付出以不输给任何人的努力，即便在当下如此严峻的经营环境下也保持增长，迭创佳绩。

其实，日本企业拥有勤奋、高素质的员工，潜力巨大。只要领导者不忘抱有一颗对员工的关怀之心，保持顽强的意志和不屈的斗志，日本的企业一定能重现辉煌。

衷心希望这本寄托着我美好祝愿的书，能为大家的企业焕发活力，并能为日本经济的重生做出微薄贡献。

在本书再版之际，我愿以此篇作为本书的前言，并向盛和塾塾生及盛和塾事务局致以深深的谢忱。

盛和塾塾长　稻盛和夫

2011 年 3 月

目录

第一章　磨炼判断力　/001

经营如同登山，登小山与登珠穆朗玛峰需要的技术训练、行前准备的功夫水准都不一样；尤其是登大山，如果只用半生不熟的技术水准，就根本无法完成登山计划。首先你必须让公司内部讨论，到底要登哪一座山。先设定具体的目标，然后根据目标找出达成此目标的正确方法。

【塾生提问之一】

领导者判断时的依据　/ 003

【塾长回答】

要登哪座山　/ 005

【塾生提问之二】

对总经理而言，什么最重要？　/ 008

【塾长回答】

依据原理原则来经营　/ 010

【塾生提问之三】

领导者的器量　/ 013

【塾长回答】

为他人尽心尽力 / 015

【塾生提问之四】

经营目标要根据何种基准？如何决定？ / 018

【塾长回答】

持有渗透于潜意识里的强烈愿望 / 020

【塾生提问之五】

如何克服本业与担任公职的纠葛？ / 023

【塾长回答】

专注于本业 / 025

【塾生提问之六】

面临危机应该有怎样的心理准备？ / 029

【塾长回答】

积极地去承受 / 033

第二章 实现营业内容的扩大 /039

身为经营者，一定要比任何人都了解现场。接着要强调的是，身为经营者，应该工作比任何人都多，比任何人都严格要求自己才行。因为公司内只有经营者可以为公司注入生命力。

【塾生提问之一】

如何打造成长企业的企业文化？ / 041

【塾长回答】

贯彻“现场主义” / 043

【塾生提问之二】

如何摆脱低收益？ / 047

【塾长回答】

定价即经营 / 049

【塾生提问之三】

应该如何考虑给员工的利润分配？ / 052

【塾长回答】

不满足于小利 / 054

【塾生提问之四】

如何调度快速成长期的生产设备资金？ / 057

【塾长回答】

10% 的收益率是理所应当 / 059

【塾生提问之五】

如何保持扩充经营与贷款增加间的平衡？ / 062

【塾长回答】

不懂会计的人无法成为经营者 / 064

【塾生提问之六】

如何考虑先行投资的时机？ / 069

【塾长回答】

彻底贯彻精简经营 / 071

第三章　提高员工的干劲　/075

我对组织成员最初也是最终的看法是，如果对方是没有才能的人，那么我会看这个人的心态；如果他很认真，总是为公司着想，非常努力地工作，我就会重视这个人。总之这关乎一个人的心态，他的品德与对公司的爱心达到什么程度，才是我判断人的首要条件。

【塾生提问之一】
如何提高优秀、资深员工自我启发的欲望？　/ 077
【塾长回答】
人就是石墙，人就是城　/ 079
【塾生提问之二】
如何让三 K（肮脏、辛苦、危险）产业业种的员工以公司为荣？　/ 082
【塾长回答】
为工作找出伟大的意义　/ 084
【塾生提问之三】
如何活化高龄员工？　/ 087
【塾长回答】
用数字证明事业的价值　/ 089
【塾生提问之四】
如何培养有共同哲学观的年轻人才？　/ 094

【塾长回答】

让其神往 / 096

【塾生提问之五】

成为有力的 No.2 领导人的要件 / 100

【塾长回答】

能驱使才华的人 / 102

【塾生提问之六】

如何处理员工的进退与人才采用问题？ / 107

【塾长回答】

企业领袖的器量决定企业的高度 / 109

第四章　让事业可持续发展 /115

要别人服从你的指令，有两种方式可用：一是具有人格和见识；还有一种就是用权力。你目前身为业务经理，需要先具备你应有的条件，首先就是要有比别人更努力的工作精神。如果能让员工说："那个经理不就是全公司里最努力的人吗？"员工自然会主动跟着你，一起打拼。

【塾生提问之一】

继承伟人父亲的产业之后，该怎么做？ / 117

【塾长回答】

付出不亚于任何人的努力 / 119

【塾生提问之二】

女婿经营者如何建立领导力？ /122

【塾长回答】

建立信赖关系 /124

【塾生提问之三】

中小企业领导者的世袭制度是对还是错？ /128

【塾长回答】

保护员工 /130

【塾生提问之四】

如何建立第二代领导者与老臣间的关系？ /134

【塾长回答】

自始至终遵从道理 /137

【塾生提问之五】

分店经营的意义何在？ /142

【塾长回答】

走多元化路线 /144

第五章　挑战新事业并使其成功　/149

中小企业如果想要扩大规模，只有朝新事业和多元化发展，尤其是在已经饱和的市场，更是有必要这样做。就我而言，我一直只从事与本行相关的行业，所以当我全力进攻时，随时都可以得到充分的后援补给。

【塾生提问之一】
外在环境变坏时，如何应对？ / 151
【塾长回答】
以坚实的收益管理为基础，向新事业进发 / 153
【塾生提问之二】
投入新市场的条件是？ / 156
【塾长回答】
利润由采购开始 / 158
【塾生提问之三】
向海外市场进军的成功秘诀是什么？ / 162
【塾长回答】
一把手打头阵 / 165
【塾生提问之四】
该用什么尺度、标准，判断进入市场或从市场撤退？ / 170
【塾长回答】
不做无关的事 / 172
【塾生提问之五】
开发新商品的着眼点应放在何处？ / 177
【塾长回答】
四项创造 / 179

第六章　创造强有力的组织（盛和塾纪实）/187

无论是什么工作，都要全力以赴一心一意去做，事成之后，就会产生极大的成就感和自信心。在不断反复的过程中，会愈来愈喜欢工作，付出更大的努力也不会感觉辛苦，因为努力的结果是带来更大的成果。假如成为有名的经营者真的有所需要的条件，我想那就是喜欢眼前所从事的工作吧。

【塾生提问之一】

京瓷的 KONPA 是什么样的聚会？ / 191

【塾长回答】

以心为基础 / 192

【塾生提问之二】

如何体验出能燃烧的斗志？ / 196

【塾长回答】

持有责任感和社会性意义 / 197

【塾生提问之三】

如何接纳年轻人的价值观？ / 201

【塾长回答】

将员工的意识提高到经营者的水平上来 / 202

【塾生提问之四】

如何平衡家人感情与工作之间的关系？ / 206

【塾长回答】

以大爱为目标 / 207

【塾生提问之五】

您是怎样保持健康的？ / 209

【塾长回答】

总是阳光的，积极的 / 210

【塾生提问之六】

成为有名经营者的条件是什么？ / 211

【塾长回答】

喜欢上经营这个工作 / 212

第一章

磨炼判断力

有意注意

【塾生提问之一】

领导者判断时的依据

我出生在地方上一个有名的企业家庭，而且是家中的长子，目前担任家族企业的副社长。我的父亲仍然健康，但是他决定几年之后，就让我继承经营者的职务。现在他已经将绝大部分的管理工作都交给我负责。

我想了解什么是“领导者做判断的依据”，因而向您请教。

自从我进入盛和塾以来，受到很大的启发。就在我的经营业绩向上发展的同时，我开始思考“如何让员工得到幸福”这件事。他们不应该只为了领薪水而进到职场工作，而是应该能够利用工作来提升自己的心志，我很想创造一个可以让他们提升心志的工作环境。因此，一方面我严格要求自己，另一方面也要求我的员工，努力去实现公司的经营课题（目标）。但是，父亲留下的老干部与不少员工也针对我提出的方针提出意见，很多人认为过度严苛，我相信也有人会因此而对我提出指责。由其他同业经营者的口中，我已经听到诸如

“不了解他人弱点，不能算是有美德的人”等批评。

据我所知，很多中小企业的经营者平常对自己的弱点就有自觉，也因此很容易就接纳别人的缺点。当然，员工多少也期望经营者能容忍自己的弱点，于是经营者与员工培养出习惯对方缺点的企业习性，甚至经营者之间也被这种微妙的连带感觉包围着。我留意到，这一定会阻碍企业的成长。

就我而言，我认为这种思维方式与公司经营或组织营运根本不能相提并论。对于员工的指责也一样，能否理解每一个员工的感受或弱点，只是和经营者个人的度量有关而已。不过当有人对我说“你的父亲具有美德”时，我不免也怀疑，是否能够与员工和乐相处的父亲才是真正具有好品德的人？请告诉我何者才是正确。

【塾长回答】

要登哪座山

首先，我必须说你的烦恼是一种非常“高贵（意识水准很高）”的烦恼。假如你平常没有非常用力地思考经营问题，也不至于陷入这样的烦恼。我认为你的才华已经到达某种境界，你是相当优秀的。

你具有“察觉到自己有缺点，同时也认定不可以因而无视他人的缺点，应该提升自己，并与他人切磋琢磨，借此提升别人”的思维，并诚实地告诉员工和干部你的想法，但是他们却认为你要求得太严苛而指责你。此外你也认为，容忍弱点与公司经营、组织营运根本是不同的两回事，了解、容忍他人的缺点主要看当事人的度量，并非经营哲学。

问题是，我认为了解他人弱点与否，本来就属于经营上的问题，与公司经营、组织营运有关，绝非只属于个人度量的问题。

也就是说，认同人类的弱点并去安慰他们，要考虑的不是对或错，而是你究竟想达到什么目标？想通过什么样的做法实现目标？首先一定要先讨论、厘清这项重点。对你而言，“为了让自己达到最终目标，一定得这样安排，一定得经过这样的程序去做才行”的思考逻辑是非常重要的。首先是设定目标，这点你已经在做了，剩下的唯一问题就是设定达到目标的过程，你必须拥有这样的自觉才行。

这是一个十分困难的问题，我试着举例来说明吧！

以下是个实际例子，我年轻时有些人曾告诉过我：

“稻盛先生，你的生活方式让人觉得像四方形一样，有棱有角的，这样的人生过得是否太辛苦了？做人嘛，应该随和一点，世间本来就成败互见的呀！我本身就是个迷糊的社长，经常遭遇失败，因此我的干部与员工认为‘我们的总经理很人性化’而仰慕我，并一直守护着我；我非常了解部属的弱点，也容忍他们的失败，因此即使我是第二代经营者，员工还是死忠地跟随我。稻盛先生，你未免太欠缺度量了！人最好不要活得有棱有角比较好吧。因为你的刚正不阿，你的部属一定都很怕你吧！”

在我年轻的时候，我也曾认为“这也是一种道理”。其实那是不对的。

我认为，首先这样的目标本身就是错误的；其次他提出的做法没有意义，因为做法原本就是依目标而改变的。既然你的企业至今已经有半个世纪，其营业额的规模如果还是和你父亲时一样，获利也一样，那么当个迷糊的经营者还说得过去。但像我这样一切由零开始，30 年后的企业营业额达 5000 亿日元，国内外员工人数达 30000 人以上，我是有必要过着斯多亚式生活的。

假如你还是坚持“虽然稻盛先生的生活方式可以在短短三十余年之间创造如此优异的成果，但是我不喜欢这种生活方式，因为我和员工都会过得很辛苦”，这样一来，你一开始就无须去比较，比较反而让问题凸显，增加自己的烦恼。

又如登山，登小山与登珠穆朗玛峰需要的技术训练、行前准备的功夫水准都不一样；尤其是登大山，如果只用半生不熟的技术水准，就根本无法完成登山计划。首先你必须让公司内部讨论，到底要登哪一座山。

先设定具体的目标，然后根据目标找出达成此目标的正确方法。请用心寻找出最适合你的经营方式吧！

【塾生提问之二】

对总经理而言，什么最重要？

我经营的公司是有 50 年历史的糖果铺。就在今年 3 月，39 岁的我取代已经当了 35 年经营者的父亲，成为第三代总经理。继任总经理可以说是既定的路线，父亲现在以董事长的身份，还在延续经营者的工作，公司内部也接受这种平顺的总经理交接方式。在我继任总经理之后，人际关系并没有出现障碍，我认为自己十分幸运。

就在最近我注意到，我必须在我真正接任总经理之前，做好心理准备才行。

事实上在几年前，在我得知自己将要继承总经理一职之前，我就开始思考，总经理到底是什么样的工作呢？我自己的领悟是，身为企业经营者、领导者，首要责任是为员工谋福利，其次就是力求发展，对地方社会有所贡献。

3 月 1 日就任总经理以来，我就集合所有员工，将自己的经营理念和中长期经营计划传达给他们。就职之后也再三思考，总经理应该这样做才能称职，应该那样做才正确。总之，我几乎日夜不停地考虑这个问题。因此我盼望您能告诉我这个新科总经理，到底总经理这项职务的真义是什么？

【塾长回答】

依据原理原则来经营

这是有关总经理的职务定义与应该留意哪些问题的疑问。你说你年纪轻轻就继承父亲的职位，所有的员工也视你继承父业为人之常情，毫无异议地接受你，你因此认为自己很幸运。但是我认为主要是因为你的父亲治理公司有方，才庇荫你。只要付薪资给员工，用总经理的职权施威，员工就会跟从。但是如何让员工信服你，愿意发自内心地跟从你，就只有靠你的度量和优异的人格来吸引他们了。因此，我期待你也能像你的父亲一样，成为一个值得信赖和敬重的人物。

构筑人脉，对你而言还有一项重要的理由：目前你的父亲还健在，所以没有问题；你的父亲一旦去世，你还是得自己做最后的决策。所以能够尽早解决问题还是好的。

所谓的总经理，就是能够对事务下最后决定的人。当你还是副总经理或某领域的经理时，因为上头还有最后决策者，因此可以用一句“我想这样做”终结问题。但是总经理是担任最后“决策者”的人，身后已经没有靠山。那么，做决断时的依据就是他心中的“坐标轴”。因此，我认为担任总经理的人，最重要的是心中必须拥有可用来作判断和决策的基准，也就是所谓的坐标轴。

我刚创业时，心中的坐标轴是依据“作为人，何谓正确”与“根据原理原则做经营”两个基准架构的。然后我就依据这个坐标轴，经常自问自答、反复演练。所谓的原理原则其实就是“正”与“不正”的价值判断基准，或者说是善与恶的判断基准，也可以说是用公平、公正、诚实、诚意、爱情、廉耻心、同情心、正义感、优美感、严谨度、正直、朴素为基础的言语来表现的伦理观念。一个人如果不具备这些伦理观，很容易陷入以自私的欲望作为判断的基准，世间并不缺乏这样的实例。

我在盛和塾里经常提到这些基本的伦理观念，因为它们就跟人类灵魂的本质一样。人类的灵魂本质如果用言语呈现，其实就是真、善、美的结合。换句话说，人类本来就应该追求真、善、美的东西。在此前提下，身为经营者的你在针对事务作判断时，最重要的概念就是，愈贴近灵魂基准的选择愈正确。

此外，我想更具体地补充，身为总经理应该留意的事情。

第一，总经理是一种必须严格做到公私分明的职位。换句话说，绝不能将公私混在一起。尤其在人事管理方面，再小的不公平也不能存在。

第二，面对企业，总经理肩负着无限大的责任。为什么？因为企业只是个“无生物”，能把生命气息灌输进企业的人就只有身为总经理的你。你的企业能表现多少活跃感，取决于你对自己的企业具有多大的责任感，在企业中注入多少意志力。

第三，既然总经理是像前两项叙述的人物，那么就应该将自己所有的人格特质和全部的意志力，注入到企业里面。

第四，为了帮助员工追求物质与精神上的幸福，总经理必须是比任何员工都更努力的人。

第五，总经理必须是受员工尊敬的人。所以身为总经理有必要时时提高自己的“心性”。因此，经营时的依据并不是与生俱来的个性，而是要根据研究而来的哲学。

最后一点，如同前面所述，因为必须做最后的决策，因此总经理也是一个非常孤独的职位。经常因为不能确定自己的判断是对还是错，决策的结果是好还是坏而感到不安。为了让自己能够忍耐得了这种孤独，最好从现在起就开始结交能够真诚沟通的好朋友。

【塾生提问之三】

领导者的器量

我目前经营饮食连锁店。刚从大学毕业时，我曾经到一家大型的家庭餐厅任职。半年后因为我的父亲（目前担任董事长）病倒了，于是我进入现在的公司。后来父亲身体康复，我们两人也再度一起努力工作。当时只有 4 家店，现在已经扩增到 28 家店，营业额也增长到 22 亿日元。

希望您能就经营者应该如何管理公司提出建议。

目前，我们将营业额目标定在 100 亿日元。我考虑到如果要让公司顺利成长，将会需要一批优秀人才。因此我从大型连锁店物色有店面经验的经营者，并且加入他们，跟他们学习连锁店的组织和人事管理，现在已经有了心得，工作也变得很有趣。幸好所有的店几乎都变成流行的话题，管理部门的经理就想趁此机会大举调度资金来扩充经营。我也受到影响而开始思索，如果继续努力的话，要达到 100 亿日元的目标并非困难之事。

问题是，愈是这样想心情就愈不安，而且无法遏止这种不安。不安的理由在于，我难免会去思考，到目前为止，对什么事都无法真正提起兴致的我，真的能够胜任一个营业额达百亿日元的公司的经营者吗？因为我认为对于一个公司的规模，经营者必须具有可与之相对应的器量；我不禁怀疑自己是否具有足够的器量和能耐，来管理未来的公司，为此我整天陷于烦恼之中。

对我而言，当务之急是将家族企业发展成一般的企业。因此很想知道：您是经过何种过程，持有什么样的哲学，有什么样的热情与觉悟，才能把京瓷由小企业变成大企业？

【塾长回答】

为他人尽心尽力

你说你经营的餐厅由 4 家店扩充为 28 家，年营业额已经达到 20 余亿日元。因此你自信已经全盘了解所有的经营技术，但是却同时为将来的前途感到不安。

首先我想就为什么你会感到不安这件事，提出我的分析：那是因为你尚无法完全掌握公司的实际状况。

从你提交的资料判断，贵公司的获利能力可以说是非常差，然而身为领导者的你，显然并未充分觉察到这个问题。一度无视问题存在的你，现在发现自己无法掌握实况，你担心接下去可能会更糟糕，因而感到不安。因此你想找能力比自己更强、更懂得掌握企业实况的人才来协助你，但是同时也担心自己无法管理这样的干部，于是又产生另一种不安。

企业间常听到“中小企业成长愈快，愈容易倒闭”的说法。为何有此一说？主要是因为，很多企业无法确实做好数字和财务管理。

就你的公司而言，当务之急应该是确认每家分店都能做好财务独立，单元操作；就你的业种来看，你是可以做到当天看营业额资料的，因此首先应该在每家店安置一名直属于总公司的会计，借此改善业绩。接着，应该建构一套让店长每周或每月向你做业务报告的系统，如果可以，同时架构一套接到报告时就可以立即评定部属表现的人事管理系统，那样最好。

如果能够让这套系统臻于完善，20多家店都能够实现高利润率并顺利营运，之后只要用同样的系统增加新店铺即可。还有一点很重要，店长一定要选用优秀的人才。

那么，是否只要做好数字管理，公司就能够成长呢？其实并非如此。就像你提到的，经营者的器量的确是个问题。我觉得你的烦恼已经切入到问题的核心重点，因此，将来的你一定还会更加成长。我认为，直捣核心的烦恼就是成长的开始。

就像你说的，企业的规模不会比领导者的器量大太多；因此在管理员工的时候，不单只是从会计、财务着手，同时也要具有你个人的魅力，也就是人性、人格特质。

那么，能利用人格特质吸引部属的经营者会是什么样的人呢？我认为是可以用“仁”“义”“诚实”“公平公正”“勇气”这五个词来形容的人。也就是说，具仁慈关怀之心、懂得义理人情、不分日夜努力的人。此外，也是在公务上不徇私，遇到问题决不退缩、勇往直前的人。问题是，除非具有相当的修行根基，以上的人格品质并非一朝一夕就能养成的。

因此，我将“为人类社会的发展进步做出贡献”视为经营的基本哲学，我认为用这句话来砥砺自己、磨炼人格十分恰当。人生只有一次，与其让自己的人生在成立二十几家店面、创造二十几亿日元的营业额之后宣告结束，不如“反正是同样的一生，那就做出能够让更多人开心的经营吧”，然后去务实经营。

事实上，人类最强的时候，就是从执着于一种概念中解脱出来的时候。“我想致富”“我想成为伟人”，这些都是人类的欲望。当然我们无法完全从这种执着和欲望中解脱，但是加入“让人们高兴”的欲望，却可以提升自己的心性，这也是从欲望解脱的第一步。

或许你会怀疑，这样做真的就可以让经营步向成长之路吗？在京瓷进入第二年时，我也面临同样的烦恼。于是我又拟出“追求全体员工物质和精神两方面幸福”的基本经营哲学，也提出“不可徇私和滥情”这样的理念。我提出这些概念，主要是希望自己在经营企业时，心中能随时抱持“利他”的精神。

【塾生提问之四】

经营目标要根据何种基准？如何决定？

我经营服饰出租业。我想请教您，如何拟定公司的年度和中长期营运计划，以及如何制定出年增长率目标。

我将原属于家族企业的服饰出租店扩大经营范围，变成综合婚纱服务业。我的目标是将来能让公司的股票上市。我目前只能以塾长曾经教过的“销售额最大化，费用最小化”为基础概念，制定公司的经营目标。虽然我也接着做出年度营业计划和中长期计划，但是我却无法确定自己是否可以用很有力的证据，对公司员工阐释我的计划。问题就在于，如果提出可以顺利达成的目标，大家就不想努力往更高的境界攀升；如果目标太大，又流于画饼充饥；太小的话，根本无法让现场的员工保持紧张的感觉。

我想根据自己对市场、经营环境的考虑，希望在确保工作现场紧张感的情况下，加上自己的努力，制定出可以达成的目标，通过上令下达的方式交给属下去执行。因为我是根据全体的能力制定目标，难免让某些员工感到无法接受。但是如果运用由下往上收集意见的方式制定，很容易做出过于简易的目标，最后达不到经营者想要达成的目的。我想，单凭经营者的私欲去制定，出来的结果往往会变调，对整体员工也欠缺公平。

诚如以上所述，要依据什么来设定年度增长率等经营目标？如何做出决定？程序为何？应该采取上令下达还是由下往上做决策？请教导我判别的基准和重点。

【塾长回答】

持有渗透于潜意识里的强烈愿望

事实上，能就设定经营目标去思考而产生烦恼，对经营者而言，已经是难得的事情了。因为在企业经营当中，设定目标可以说是非常重要的事情。如果非常努力去经营，过程中一定会萌生这样的烦恼。

如果要让我首先给出答案的话，我必须说经营目标的设定根本没有所谓的正确的程序或原则。所谓的经营目标，并非在于目标的形式，而是在经营者非表达不可的“我想这样做”的强烈意志，也就是经营者面对员工时非让员工思考“因为是总经理的决定，再怎么困难也要达成目标”不可的决定。

所谓的企业，是人的集合体；所谓的总经理，则是为这个人类集合体注入生命力的人。总之，经营者要让企业全体人员具有共同目标。企业有必要成为意识统一、拥有共同思想的集团。因此，所谓的经营目标，应该就是经营者想要把这个集团“带往那个方向”的想法和意念。

那么，经营者应该具有什么样的思维呢？我认为应该具有几乎能强到可以进入潜意识的思维才行。也就是说，这种思维不是一句“如果能达到这样多好啊”的愿望，而是“无论怎么做，无论发生什么事，一定要完成这项工作”的强烈欲望。并且要做到无论睡觉或醒着，时时刻刻都在考虑这件事才行。

就现实的问题来看，经营者如果很急，又想达成过于巨大的目标、愿望，拼命向员工诉说，通常的结果是遭到员工“总经理，那是做不到的”的回应，一开始就冷漠地拒绝这项任务。如果因而将营业目标向下修正，接下来目标就会经常改变，甚至免不了一再调降目标。

如果员工可以自由变更经营目标，结果将使企业经营无法步入正轨。尽管经营者具有强烈的愿望，假如无法掌握员工的心理，一切仍属枉然。

总之，对经营者而言，极为重要的是“如何掌握人心”。因此，身为经营者，一方面应该能够让员工信赖、敬爱，主动发出“我很想跟着这个人”的爱慕之情。此外，也必须了解员工的心理现状，以及具有让员工自动配合行动的能耐。就像中国古谚提到的“天时、地利、人和”，即使已有天时、地利相助，最终能成就事业的还是人及人的心。因此经营者必须比谁都了解自己员工的心，然后让自己的心和员工的心紧紧结合在一起才能成功。

经营者如果能利用平常和员工聚餐、宴会的机会，将想法告诉员工，则不但可以让他们理解自己的思想，也可以让人际关系更好。之后利用机会告诉员工“我希望明年公司的营业额可以提高一倍，请务必协助我达成目标”，此时的氛围一定能让员工自然地回答“好吧！让我们一起努力”这样的话。

就像这样，经营者并非利用上令下达的高压手段，而是让员工对经营者“非达成不可”的意念照单全收，让全体员工的意志也跟着提升。结果让全公司的向心力全数汇集在一起，这种做法有绝对的必要性。然后，经营者成为核心，众多的员工围绕着他，追求业绩的进步，大家朝向相同的目标，同心协力往前冲刺。此时即使还有少数员工站在旁边冷眼旁观，也无法阻挡其他员工的活力，于是公司全体开始朝目标迈进。

对经营者而言，设定与达成目标可以说是永远存在的课题，加之经营目标本身就足以反映出经营者的意志，因此，如何设定经营目标并带领员工尽最大的力量去达成，每个经营者几乎都要花一半以上的时间去从事这项工作。

因此，我由衷希望你无论如何都要设定经营目标，并将它当成自己的愿望，让所有员工共享你的愿望，然后全公司搭乘同一条船朝着设定的目标迈进。

【塾生提问之五】

如何克服本业与担任公职的纠葛？

我经营海产食品加工和批发行业。目前公司拥有200名员工，年营业额约100亿日元。公司由父亲创业，我则是第二代经营者，担任总经理3年。

我想请教，如何克服无法兼顾事业与地方“公职”（公益团体的职务）之间的冲突？

我的父亲，去年刚刚过世。由于他生前连续担任地方工商会的会长，继承他的事业之后，我也理所当然被邀请从事工商会、同业公会，以及和地方福利、文化、就业有关的机构的义务公职。大多数的创业者，因为创业时还是默默无名的年轻人，因此多半埋头努力经营自己的事业。但是，像我这样继承前代事业的人，前一代是真正的经营者，他们的知名度愈高，后代继承者被邀请参与公职的概率也愈高。我们立足的地方和都市不一样，人口只有3万人，只要你的企业稍具规模，对地区而言就具有一定的影响力，因此想要逃避参与公职几乎是行不通的。

就我的立场而言，在变动如此激烈的环境中，照理说，我应该全神贯注地经营事业才对，但是面对不停前来邀请我担任公职的机构，我实在无法在自己的事业和地方公益之间取得平衡，也因此感到无穷的烦恼。以前我曾经听过稻盛塾长以“心中的坐标轴”为主题，解释发展与协调、利己与利他的概念。从你的谈话中我得到的启示是，担任公职是利他的行为，凡事能用“动机至善，私心了无”来要求自己最好，我认为这是没有私心的行为。问题是如果一直追求行善的公职，就有可能离自己的事业越来越远，因此我感到很矛盾。

您曾经说过“本业占八成、公务只能占两成，再怎么让步也要维持 7 比 3”。然而，一旦你担任公职似乎就无法不打破这种比例。到底要如何做才能克服无法兼顾事业与公职的矛盾呢？请塾长指点迷津。

【塾长回答】

专注于本业

只要是继承家族企业的经营者，你的问题也是他们的问题，同时我认为这也是个很难处理的问题。的确，当我年轻创业时期，一方面没什么人找上门，即使有人找我，我想我也会拒绝了事。

你的情况比较麻烦，你父亲是个伟大的人物，曾经连任工商会等种种公益领导者的公职。身为第二代领导者，好像理所当然应该继承衣钵。此外，在地方小城市里，为了可以将事业经营得更顺利，经营者往往会参与地方上的行政事务或担任某些公职，这也是人之常情。我也发现，为这种问题烦恼的经营者比想象中的还多。

此外，我也察觉到，一般人对于公务的理解好像也有点偏差，认为公职是“服务社会，所以是利他的工作”“因为是公务，所以并非私心”。但是我认为其中是有私心的，这种私心就是所谓的名利心。你的情况也一样，你的父亲是当地的名人，如果你不对社会或同业有任何贡献，只埋首于公司的业务，可能会担心被别人遗忘或背后遭受批评。我认为现在的你，多少具有这样的心情才对。

当然，为世界和人类尽心尽力担任公职，也是从事伟大、利他的事业。因此，如果是毫无私心地投入公职，就应该由经营的第一线退出来，让真正能工作的人，无论是弟弟也好，公司高层干部也罢，让他们接任自己的总经理工作，自己可以担任董事长，让少年老成的人才担任经营者。假如自己担任董事长，由弟弟担任总经理，可以让公司经营得很出色。这样，你就可以全心全意去从事公职，将力量贡献给社会。如果是这种情况，接受公职的确是一件好事。

然而，如果找不到顶替的人力，就不应该接受公职的工作。理由在于，因为通常找上你的公职都是与你的业种相关的事务，若果真如此，那就应该先将事业顾好，因为自己的事业做得好，所以才抽身出来接受委托、担任公职。如果连自己的事业都做不顺，那么出来担任公职也没什么意义。如果实在无法推辞，不妨自己先专心照顾事业，然后任命一位工作能力稍差的副会长，对外正式公布“未来由副会长代表本人担任所有公职”，让他代替你参加婚丧喜庆等活动。

放眼企业界，走到哪里都一样，只要是经营者喜欢担任公职的企业，业绩通常成长缓慢；日本有句谚语“同时追两只兔子，结果一只也得不到”，就像这句谚语形容的，只要是基于名利心的行动，大多数的下场都是失败。记得我接任京都工商会理事长时，也是在我开始担任没有实际经营权的董事长之后。那时从伊藤总经理到各部门干部都能胜任各自的工作，因此我完全授权给他们，然后成立顾问制度，自己只承担这部分的工作。因此我可以同时接任京都工商会“会头”（会长或理事长）的工作。在此之前，虽然我也很关心这个组织，但是我不曾担任京都工商会的公职。换句话说，这样做是因为我已经对是否该担任公职这件事，有相当的自觉。

如果你无法辞去总经理的工作，也找不到公职的职务代理人，那么我认为你不必全部推辞，不过投入到事业与公职的时间比例最好维持 7 比 3，公职的比例最好别超过三成。公职的工作经常是没完没了的，因此只能大约就时间来制定“最好保持 7 比 3”，经营者应该清楚执行。

“我们家族数代都在这块土地上做生意，照理说应该率先为地方尽心力才对，但是因为我个人能力有限，为了能够接受公职的委托，更应该先尽全力治理好父亲一手创建的企业，如此又觉得对不起地方父老。因此我只好将七分的时间用在经营事业，用剩下的三分时间努力从事公务，可能因此造成困扰，请多多包涵”，不妨先提出这样的说辞，并承诺“整顿好企业的基础，等基础稳固之后，就可以将从事公职的时间增为五成、六成，对地方做出更多的贡献”。无论如何，还是先守住事业，再接公职，方为上策。

对于这种诱惑，我经常称为“恶魔的蜜语”。通常恶魔总是事先以满脸笑容接近人类，挑起你的名利心，恭维你“你的企业太优秀了，多少应该对地方有些贡献”，让你觉得心情好极了，然后逐渐亲近你，假如你因此开始思索接受邀约并努力奉献，就会开始自经营的第一线退下阵来。我认为，无论如何还是应该坚持“事业优先”的做法，并希望经营者能将“有事业才有公益”这句话铭记在心。

【塾生提问之六】

面临危机应该有怎样的心理准备？

敝公司位于神户，专营食品的制造与销售。1995 年的阪神大地震，我们也遭到天灾的破坏。强度达到六级的地震，造成 6000 人死亡、4 万人受伤，住宅损毁 21 万间。相信各界已经知道这些资讯。

我要说的是，受灾当时，我在无法确知方向的情况下重建公司的经营。尔后，事过境迁，我才开始怀疑当时的判断是否正确。今后如果遇到同样的灾害，应该如何做好事前的防范？总之，我想请教塾长有关危机管理的重点。

地震之后，电视、广播、电信设备大多中断，我当时的感觉反而是，大家的反应好像太夸张了。因为我和家人都平安无事，住家和公司受害的程度都很轻微，虽然地震将东西全部扫落一地，几乎找不到可以落脚的地方，但是房屋却是完整无恙。重新插上电源，电器就通了，电脑里的顾客资料档案也还保存着。现在回想起来，我的情况只能用“幸运”二字来形容了。

让人感到事态严重，是稍后电源接通、开始看电视新闻之后的事。灾害过后，经过一段时间我开始察觉公司当时准备在情人节推出的商品还在仓库中，而且已经毁坏，无法使用；同时我也无法掌握受灾员工的安危和实况。接着，当知晓灾后整个物流呈现瘫痪状态，原材料调度、商品供应停滞不前，不知道工厂何时可以重新展开生产时，才发现眼前已出现重大的危机。

灾后第二天。走进公司，我发现平时应该出现的员工大多没来上班；于是下令要求出席的干部赶紧去做三件事：一是确认所有员工的安危；二是要所有干部到主力工厂集合；三是将公司的制品分发给灾民。但是因为受到交通瘫痪的影响，干部要到工厂集合很困难，我只好不断要求他们“只要平安无事的人就尽量设法出席”，结果一直到第三天才能够集合员工。安排妥当后，开始正式展开灾后应对。

好不容易让工厂恢复生产，新的问题又来了：很多客户听到“那里是地震灾区，已经没有商品可卖”的流言，终止进货。我们的商品几乎遍布全日本的超市，知道此事之后，我立即联络关系较密切的客户，告诉他们“千万别将商品下架，我一定设法继续正常供货”。于是以关系密切的客户为优先对象，全公司努力供货给这群客户，最后终于跨过这次危机。

我认为自己能够度过灾难走到今天，第一项要因是因为有不断努力支持我的员工。灾后我急于确认员工的安危，幸运的是我的员工和他们的家人全数都平安，无人死亡，救灾的工作也都是由这些社员和我并肩完成。还有我的邻居、盛和塾的朋友也给我援助。原来人类赖以维生的“生命线”应该是自来水、电力等，但是我发现最后的生命线其实是邻里的人际关系。即使在今天，我还是对这些帮助过我的人充满感动和感激。

问题是，在这个过程中并非毫无疑问地做判断和下指令，由于当时找不到足够的资讯，因此判断和指令的正确与否一直无法确定。至今反省起来，还记得很多地方判断错误，因此这次地震可以说是有史以来的最大考验。最后我还想请教塾长以下几个问题：

第一，就像这样，如果只能就自己眼睛看得到的状况去下判断，并且因为是经营者，非得在很快的时间内做决断，通常的人都只能靠直觉去做决定。问题是这种直觉力，可以靠后天努力去培养吗？

第二，说起来很羞耻，虽然我努力克制，但是整个过程仍然充满恐惧和害怕的感觉。即便到现在还会因为当时的判断不知是否正确而感到不安。经营者面临危机时，自身应该做好什么样的心理准备呢？

最后的问题是，对于这次天灾，我们应该以什么样的角度和心态去接受它呢?

如上所述，请就非常情况下的经营方法和跨越危机的方法，给予指教。

【塾长回答】

积极地去承受

首先，我要祈祷此次地震中的亡魂能快乐地生活在另一个世界。也要向受灾的所有人，致上最高的慰问之意。

接着我想说，大地震之后，很多人生活得很辛苦。我接到你提出的各种问题，事实上我也是第一次遇到这样的事件，我也担心自己能否提供正确的指导给你。

你的第一个问题是，在灾害来临的当下，经营者必须立即做出判断，此时，通常只能依靠直觉力，而这种直觉力应该如何培养和提升？

所谓的直觉力，本来并不是在平常培养、等到灾害来时才发挥的能力，而是经营者借由日常工作就可以提升的能力。为什么？因为无论公司也好，业绩也好，结合过去的经营者的判断经验，如果可以做三次正确判断、两次错误判断，结局是公司还是无法成为优秀的企业。一个经营者无论是平时还是灾害期间，要经常能够做出正确的判断才行。换句话说，能够经常做出正确判断的人，通常就是我们经营者。

话说回来，那么究竟应该如何做，才能磨炼出自己的直觉力，也就是判断力呢？我想借用中村天风（1876 年生，1919 年放弃世间社会地位并处理掉所有财产，创立“统一哲学医学会”即现在的“天风会”，倡导身心统一理论。后为日本政界重视，于全日本展开演讲活动。1968 年以 92 岁高龄去世。——译者注）曾经提到的“有意注意”及“无意注意”两种说法。我要强调的是，经营者应该聚精会神，注入自己的意识，过“有意注意的人生”。

关于做判断，重点在于，只需作简单判断的工作可以直接交给部下做判断，如果是比较重要的事，就应该慎重讨论。这是一般的判断方法。但是我认为只要是判断，无论大小都是非常重要的。如果平常就养成随随便便下判断的习惯，到了真正需要时，再怎么努力也无法做出好的判断。相反，如果平常就养成“有意注意”的生活习惯，万一有事发生，直觉力就会出来工作。为了达到这种境地，从一开始就应该培养“全神贯注后再做判断”的习惯，而且一定要维持这样的思维。一直维持这种思维，假以时日，这种思维就会自然地储存在头脑中。

通常，对于某些在公司会议上作报告时的陈述与在走廊对你报告的内容有出入的人，我会给予严厉的斥责。因为我认为这些人是别有用心。如果经营者依据这种在注意力不集中时听到的资讯做判断，将导致十分危险的结果。

为了磨炼出判断力，必须每天都过着“有意注意”的日子才行。无论多么细微的判断都要认真去面对，养成拼命思考过后再下判断的习惯。如此一来自然就能培养出判断力和直觉力。我从创业以来，一直很认真地针对每件事情做判断，结果我不但能道出具有说服力的结论，也能轻易地对部下做好说明。一点一滴让气氛缓和下来，因为我总是非常专注和集中，因此很自然地就具有强烈的直觉力。

你的第二个问题是，面临危机时，身为经营者应该有何心理准备？如何克服恐惧的心理？

对此，我认为应该尽全力做到“秉持勇气面对问题”，第一件事就是“让心情冷静下来”，接着再“拿出勇气”“面对问题绝对不可以懦弱逃避”。用姑息的手法导致向问题投降是不行的。其次在这个训练场上还必须具有“谦虚的心情”。能以谦卑心面对问题，一定可以从中学到东西。最后则应该具有“当你全力以赴，神就会出现”的信念。

我认为，一个人如果面临如此巨大的灾难，却不会感到恐惧，这是很奇怪的。尤其是前述的“有意注意”的人，通常他们的感觉神经也特别灵敏，当然一定会产生恐惧的心理。

以前的我也会感到恐惧，后来因为太多次面临真枪实弹的演练，胆识因而变大了。我想这也是需要靠平常练习的。恐惧心这种东西，可以用“我是头儿”的责任感或往后也没路可退的使命感来克制吧！

最后的问题是，应该用什么态度面对灾难？

记得我以前曾说过，“其实遭逢灾难，也就是借此清除由前世至今生，灵魂所累积的业障的时刻来临了”。业障就是原因、因缘（即所谓的因果），因此我总是奉劝大家“遭逢灾难，应该感到高兴”。

不过你遭逢灾难时，家人与员工都平安，这也是好运。你提到员工的家属中无人死亡，真是幸运。事实上，这个问题非常重要，人类遭逢灾难是情非得已。撇开这点，我觉得也无须悲观以对，因为就某种角度而言，灾难也帮我们消除部分的业障，反而是件好事。

此外，你提到自己至今仍然抱持着感激的心情，这点也很重要。就是这种感激的思维，能够让人朝利他的方向迈进；能实践利他的经营方式，会让人生变得更高尚更优美。在别人的眼中，灾难当头的你已经是很可怜了，但是你却觉得眼前的人很可怜，想要尽可能去帮助他们。可以说你已经能够不经意地对人散发出温柔的想法，能持续这样做的话，你的人生一定会过得更美丽。

以上的理论其实可以用我常提的“成功方程式”（人生·工作的结果=思考方式×热情×能力）来佐证。换句话说，即使你的能力没有提升，但是你的热诚可以提到比现在更高，也就是能用感激的角度思考、发扬利他心，那么结局即使没有更好，也不至于变得更差。

结论是，随着你用哪种态度去接受灾难，你的一生就会跟着相应改变。也就是说，面对灾难时，只有用肯定的态度才能克服它。如果陷入否定的思考，就会自然地退缩，因为恐惧又让精神变得懦弱，这样的人不断需要别人单方面地散发爱心给他，却永远无法自己站起来。

我曾听说“成功的人一定经历过濒死的大灾难、生过大病或遭遇过很大的挫折，他的人生绝对不是终生幸福或一直顺利度过的”。日本“经营之神”松下幸之助也有一句名言：“没有努力到小便出血的程度，无法成为一流的经营者。”我认为那些具有无限烦恼的人，只要锻炼出强烈的精神力，就可以让自己变得强壮。

也就是说，随着你用肯定或否定的态度去面对灾难，你的人生也会跟着完全改变。只要看看历史上那些奇迹式地获得成功的复兴，它们成功的理由都是一样的。能将遭逢灾难视为幸运，人生就会改变。我希望你能抱着“只要用肯定的态度生活，一定能获得神的庇佑”的心态，无论任何情况都能用开朗的心，继续努力下去。

第二章

实现营业内容的扩大

【塾生提问之一】

如何打造成长企业的企业文化？

我经营委托代工（Original Equipment Manufacturing，简称OEM）食品加工业，公司拥有40名正式员工和70名非正式员工，近年来无论营业额、利润率都往下滑落。特别是盈余已经呈现赤字，如何恢复早期的业绩是眼前最大的课题。

还有，这样说有点突兀，但是我还想请教塾长“想培养出成长型的企业风气，应该怎么做”。

我是第三代经营者，五年前才接手父亲的事业。我认为，所谓的经营成果，应该与各个工厂、营业部门以及行政部门有很大的关系，这些部门的员工应该负很大的责任。也因此，我认为经营者有必要与员工具有共识，相互理解，建立老板与员工之间的关系。

基于这样的想法，一上任我就提出应该以“为人类社会的发展进步做出贡献”为宗旨的经营理念，希望公司上下能秉持同搭一条船的心，培养积极努力的企业风气。为了让经营理念彻底植入人心，我特别重视启蒙教育，在晨间会议、日常会议中特地抽出时间，对员工讲解我一贯的理念。

问题是员工的反应距离我的理想很远，即使目前公司运营非常不景气，开会时也听不到任何积极的发言，大家都忙着找理由推卸责任，对如何完成业绩、营运结果完全不具责任感。虽然我日夜努力，想构筑良好的企业风气，并持续地训练员工，但却没收到任何效果。

我想，自己的能力不足是原因之一。还有，由于我也继承父亲在同业公会里担任的公职，参加会议与接待额外的客人让我更加忙碌，即使如此我依旧全力以赴。在此，我想请教塾长掌握人心的秘诀究竟是什么？为了建构能根植在员工心中的企业风气，我本身应当如何努力？做好哪些工作？

【塾长回答】

贯彻“现场主义”

身为第三代经营者，我想你是非常用功的，你具有很优秀的经营理念，但是眼前你必须做的，不是彻底执行此理念，而是实际去了解现场员工的状况。

就像你说的“所谓的经营成果，应该与各个工厂、营业部门以及行政部门有很大的关系”，但是你也提到“这些部门的员工应该负很大的责任”。事实上我认为这种说法是很大的误解。假如想得到成果，是无法将责任丢给员工的，唯一的方法是你自己亲临现场去掌握一切状况。因为对经营者而言，“利润就在工作现场”这句话才是真理。

既然你的公司属于委托代工，利润率本来就很低，因此本来就应该更严谨地管理公司的收益。由此可以推算，你应该重视进货，也应该要求不断提高产能。

照理说，此时的总经理应该在现场指挥，做到比谁都了解现场作业才行，结果你却躲在办公室内，我认为这才是你的问题所在。

眼前你必须做的是，彻底去了解所有的材料，设法找到连同业都还没发现的廉价材料，然后自己开着卡车去进货。此刻的总经理必须自己身体力行，亲自去挖掘比谁都便宜的材料，用比谁都低的成本去调度原材料。就因为身为总经理的你，一直没有把目光焦点放在公司内最重要的工作现场上，公司业绩才会节节下滑。

经营理念这种东西，是每天在工作现场严格要求员工去执行，然后才形成概念。如果经营者根本不了解现场，只是要员工先执行理念或培养企业风气，那是没有意义的做法。我相信你的员工心中一定嘀咕着，“总经理是个完全不了解工作现场的呆瓜，尽说些不知从哪儿听来的高超理论”，认为你是呆子，而你的无端忙碌就是证据。因为同业之间的义务、访客、会议这些工作和公司的生产现场根本扯不上关系呀！

这也是第二代总经理容易犯的错误，无论面对第二、第三代总经理，前一任经营者通常只教他们宏观经济学中的“帝王学”，而忽略微观经济学中的“工作现场学”，因此还有很多人并不了解现场。事实上，创业者因为自己辛苦经营公司，所以从现场各个角落到公司整体事务，他都了若指掌。因此继承者也应该像他一样，经常进出工作现场，了解现场的状况才行。假如你对现场不够了解，那么你的“帝王学”也是无法实现的。就算现在才开始也不晚，请到现场去了解他们，就你亲眼所见，去培养自己的危机意识，重新构建你的公司。

顺便一提，我平日常强调的“经营里面需要具有哲学”这句话，乍听之下好像与我前面的说法互相矛盾，其实我只想解释为什么企业需要经营理念和企业风气。

刚才已经说过，身为经营者，一定要比任何人都了解现场。接着要强调的是，身为经营者，应该工作比任何人都多，比任何人都严格要求自己才行。因为公司内只有经营者可以为公司注入生命力。如果用同样严格的尺度来要求员工，与员工之间的人际关系就会受到伤害。走到这一步时，就会发现“为何如此严厉地对待员工？为何对员工要求如此高”。于是你必须找理由，也就是所谓的理念或企业风气。

对我而言，一开始的理念非常简单，“追求全体员工物质和精神两方面幸福的同时，为人类社会的发展进步做出贡献”，如此而已。因此，面对还有话要说的员工，我就可以说出“为了每位员工的幸福，我比任何人付出更大的努力，然而你却置身事外，这种不负责任的态度到了极限，我无法容忍你了”类似这样的话了。

我的回答可能太严厉。但是我希望你能让员工说出：“不知怎么搞的，我们的呆瓜总经理，最近不但每天一大早就来现场看东看西，开会时，也开始就现场的实况一一提出指示。我有点招架不住了。”盼你再接再厉。

【塾生提问之二】

如何摆脱低收益？

敝公司的业务是制造、销售与包装有关的商品。创业于明治初年（公元 1868 年为明治元年。——译者注），到了昭和三年（公元 1928 年），率先从德国进口生产机器，开始朝专业大量生产纸袋的业种迈进。听说稻盛塾长在学生时期，曾经有过骑自行车卖纸袋的经验，让我觉得那是不可思议的缘分。

最近，我一直在思考，如何改善公司的收益能力，因此贸然地向您讨教。

因为前任总经理突然去世，我继任第四代总经理。当时因为市场被廉价的化妆品夺走，许多同业因而倒闭，加上日本经济面临石油危机之后，日元升值带来的不景气，可以说是雪上加霜。我当时的想法是，若要重建公司运营，绝不可以投入恶性竞争，因此有必要研发新产品。于是我决定以设计优美，而且具环保效果的商品为核心，朝开发自有品牌的商品迈进。

奋斗努力的结果，有纸制的防水袋、吸尘器用的纸袋、吸油袋、灭菌包等。目前环保商品的年营业额达44亿日元，占全部营业额的1/4。拜这些产品之赐，在我就任总经理七年之后，公司的营业额增加了159%，跟其他公司比起来，我们算是成长最快速的企业。问题是利润率却和七年前接任总经理时一样，只有区区的2%，情况看起来就像已经达到极限一般。

可以说我是在困难中出航，利润率低还有一个原因是中途曾经暂时停产。身为经营者还是有必要为欠缺理想、斗志而自我反省。目前我将利润率目标定在7%，希望全力向此目标挑战，也希望能获得您的指导。

【塾长回答】

定价即经营

第二次世界大战前，我的父亲曾经进口一部自动生产纸袋的机器，因此开创家业，很高兴与你曾经是同行。

针对你提出“营业额还不算差，却无法获利，如何能做得更好”的问题，你认为我懂得技术，因此带来了贵公司的商品。看完之后，我认为这样的产品是有市场的。

接着是你希望获得我的建议。我觉得，你的问题就在于价格策略错误而已。

首先我想了解你是自己决定商品价格，还是依据属下给你的建议价格为基准制定出售价呢？假如有同业在生产同样的商品，也就是有竞争商品时的定价是特殊情况。一般而言，能推出这种新商品的企业，在新产品定价上是不能以成本作为衡量标准的。因为客人喜欢，所以新产品才有“价值”，因此使用者愿意付更多的钱来买，这才是新产品的定价标准。你的失败是因为你在一开始，还不了解毛利率时，就替新产品定价格。

商品定价是非常重要的工作。就像把线穿进针孔里一般困难，因为厂家为了得到最佳利益。价格太高，卖不出去；价格太低是可以卖出去，但无利可图。最理想的价格应该是在顾客愿意买的价格范围内的最高点，而且就只有那么一点。价格定了以后，几乎就无法再提高了。因此，如果定价失误，之后再怎么努力也看不到好未来。也因此，价格一定要由经营者决定才行，就是说“定价就是经营”。

还有，如果因为商品滞销，必须降价求售，也不可以放手给部属去做。我经常告诉业务人员“如果价格很低，谁都能卖。这样一来，公司只有有限的边际利益可得。因此，我们应该将价格定在顾客能够接受范围内的最高点，能用这个价位把东西销售出去的才叫作业务人员”，身为营业部门领导的人如果率先引导降价，经营就失去意义了。我想，经营者本身必须站到第一线，教导员工完成任务才是正确的做法。

好不容易做出与同业完全不同的新商品，却无法因此获利，理由只有一个，就是价格策略失败而已。由于只要第一次定价失败，就没有补救的余地，因此，眼前的你，只有设法让自己的定价变得合理。

为了成功地让你的成本降低，你必须认定，“就常识来看，努力是不可以设界线的”，这是不容质疑的。然后面对上游制造厂商提出“请降价 5%”的要求，此时你一定要说“因为我无论多努力，也只能卖到这样的价钱。根据业界的常识，制造的成本应该是定价的 x%”，不妨将常识搬出来。“根据长久以来的习惯、前代经营者设下的规则、业界的常识，请再考虑一下”，对方也一定会考虑。

总之，有时也须怀疑常识的真伪。最好的实例就是日元升值。日元升值 10%，商品价格还无法调升，因此只好设法降低制造成本，这样的实例多到无法细数。厂商提出的理由不外乎“我们经过流血努力，好不容易才稳住生意”。让人纳闷的是，为何不能把这种流血努力挪到前面去做呢？假如眼前的日元汇率是 120 日元兑 1 美元，那根据 100 日元兑 1 美元的汇率标准来定价，也还有 20% 的空间可以运作呀！只要环境一变，可能就血本无归，这才是不变的常识。

首先是“定价格”，由经营者决定采用何种价格；其次是不用降价，而是设法节省成本。在想要恢复收益能力的过程中，我建议你不妨试着由这个角度去思考和改善。

【塾生提问之三】

应该如何考虑给员工的利润分配？

我的经营一开始是继承父亲创立的葡萄园，后来开设餐厅和糖果店，营业内容不断扩大。年营业额最早只有 800 万日元，经过20年，现在已经达到4亿日元。公司员工人数约20人。

公司现在仍然有银行贷款，因此你可能会针对我提出的问题骂我。事实是这样，公司目前终于走向有盈余的经营体制，虽然盈余很少，但我想分点利润给和我一起努力打拼的员工。问题是，我的经营计划是想开拓多家店铺，因此也需要预留公司内部保留金（即准备金）。我的烦恼在于不知道如何做，才能在两者之间取得平衡。

实况是假如公司想将年度营业额拉高到 10 亿日元，今后 3 年之内，至少还需要投资 3 亿日元，我无法全部靠银行贷款，因此希望其中 1 亿日元由内部保留金来支付。

踏进盛和塾之前，我认为经营就是做到既有点儿好玩、又有点儿奇特就行了，也决定自己要用快乐的心情去经营。

因为朋友邀约，进了盛和塾，听了塾长的“经营是经营者的哲学的投影，如果认为经营很有趣，就从事经营，那么很可能得不到有趣的结果”，才开始将自己的经营目标改成对员工负责任，并且努力改善收益率。结果是一扫创业以来的赤字，终于出现少许盈余。今年度的利润率可望达到10%，并且就此稳定下来。

这就是我眼前的处境，因为无法界定利益分配与内部保留金的判断基准而烦恼。就经营者的立场而言，希望能优先做好内部保留金，目的是追求稳定的经营。但我也认为，将三成的利益分红给员工也很好。请问塾长，您对此问题有何想法？

【塾长回答】

不满足于小利

记得我平常对流通（配销）和制造业经营者一再强调："税前盈余不到营业额10%的，不算一个合格的经营者。"你因为执守我的忠告，如今税前盈余已经提升到10%，果真是个优秀的人才。问题是，我说的税前盈余10%只是最少的限度，而不是最终目标。

过去你再怎么努力也只能拿到个位数的盈余，出现10%的利润，你觉得已经是暴利了吗？我察觉你好像觉得自己赚了一大笔，但是你要了解，对中小企业而言，利润有一半是用来缴税的，公司只能得到一半的利润。

此外，我还有一个看法，对中小企业而言，利润只够作为未来员工调薪用的保证金罢了！为什么？因为，假如是大企业，由于有人退休，也有新进人员进来，两者之间可以让薪资结构维持平衡。即使调薪，整体薪资支出也不会有很大的改变。如果是像你所经营的年轻中小企业，因为还没有人退休，只要调升薪资，就会增加成本负担。

例如，人事费用占营业额 40% 的企业，每年薪资调 5%，其成本对营业额的比例就增加 2% 左右。如果此后营业额与利润不见成长，明年薪水支出因为调薪就增加 2%，相对的利润将减为 8%，五年下来，就没有利益可言了。总之，现在拥有 10% 税前盈余，假如维持社会上的薪资水准，充其量只能作为未来五年的薪资保证金而已。

因此，你不必因为现在已经可以做到支付正常的薪水和夏冬两季的奖金，也可以做到调薪后公司依然有盈余，就急着想把盈余分配给员工。你无须这样考虑。

你能具有“大家总是拼了命努力才有这些成果，因此想尽量将利润分给他们，让大家都感到高兴”这种体贴的想法很好，假如你一定要我给你计算基准，那么取出税前利润的 10%，也就是营业额的 1%，作为特别奖金发给员工吧！

我提出来的数字，或许你会觉得太少了，其实一点也不少。假如像你说的，拿出三成的盈余，等于是营业额的 3% 来分红，剩下的 7% 再扣掉税金，公司能攒下来的净利就只剩下营业额的 3.5%，跟员工分红的比例差不多，这种做法一般人评为“打肿脸充胖子”。

此外谈到内部保留金。假如你拟定的目标是今后每年的营业额达 5 亿日元，税前盈余 10%，税后净利大约为 2000 万日元，五年累积下来应该可以达到1亿日元的目标。如果未来能更进一步维持成长体制，我相信用不着五年，可能三年就可以凑到1亿日元的内部保留金；如果连税后盈余，甚至因折旧期满而多出的资金也投注进去，或许3亿日元的设备投资额当中，一半可以运用公司内部保留的资金来支付。

因此，对你而言，最重要的是未来如何增加营业额，并确保10%的收益能力。如此一来，就可以拨出10%的税前盈余作为员工奖金。

我也曾说过“不做亏本生意”。这个世界没有不赚钱的事业，不赚钱或赔本，主要是因为负责经营的经营者，从一开始就抱着不赚钱的心态。

诚如上述，别一点点获利就满足，要让你的经营不断往前成长才行。

【塾生提问之四】

如何调度快速成长期的生产设备资金？

我经营水泥墙和墙壁材料的生产与销售。我想请教您有关资金调度的方法。

敝公司成立于 1962 年，当时我父亲是大企业旗下的承包厂商，成立公司之后，业绩顺利成长。但是，1992 年时，发包商一方面授意父亲扩大设备投资，之后不久，却切断与我们的关系。

而我不幸就在切断关系后接任总经理一职，开始独立经营、独自制造和销售产品。就被发包商终止交易这件事来看，我算是以很好的成绩作为回报了。我用心制作商品，努力对各大工程店做直接销售，因此创出佳绩。到今年为止，四年之间，营业额增长 3 倍，利润也脱离三年前的赤字，开始有了 2% ~ 3% 的盈余，今年利润率更可望提高到 10%。但是眼前的我却因为不知道如何节税而感到头痛。

此外，我的目标是到 20 世纪末，公司营业额达到 30 亿日元。问题是由于业绩很好，我的生产设备几乎是全开状态，人力也用到极点；如果要实现理想的目标，我估计还需要投资大约4亿日元的设备，还要增加12名员工才行。

还有一个问题，由于公司成长过于快速，因此周转金的需求也很大，导致财务一直很吃紧。如果可以的话，我其实很想停止一到两年不再增加设备投资，再说我也无法预知这些设备投资是否真的能增加营业收入。

但是话说回来，我又考虑到这也是千载难逢的机会，很想再增加设备投资。因此请告诉我资金调度的方法和您的建议。

【塾长回答】

10% 的收益率是理所应当

你提到自己在发包商切断与贵公司的关系、公司陷入艰苦经营的情况下继承父业，在日本泡沫经济瓦解后，你领导公司继续前进，结果让营业额和盈余都回复盛况。接着你观察到未来订单可能增长，只要再增加设备投资，年营业额就可以达到 30 亿日元的目标。但是由于贵公司的财务担保力薄弱，资金调度困难，你问，在这样的情况下应该如何应对？

对此，我认为你应当避免设备投资和增加人手。目前你应该着手去做的第一件事就是改善公司的收益能力。

你提到的第一个问题是“为节税感到烦恼”。盛和塾入门第一堂课的主题是“要把税金当成经费看”——意思是说“如果你想存下 1 亿日元，你得先赚到 2 亿日元的利润”——这也是盛和塾理念的出发点之一。我必须强调，千万别想避税，这是姑息自己的做法，有这种作为的企业永远都会是中小企业。如果因为公司规模小就一心一意只顾着节税，企业的规模就会越来越小。

基于以上的理由，首先我想说的还是，不论你是制造业还是流通（配销）业，“税前盈余不到营业额 10% 的，不算一个合格的经营者”。理由在于获利不到一成的事业，如果依照现况直接扩大规模，经营风险是非常大的。

或许你觉得税前盈余 10% 是赚大钱，其实当中一半必须缴给政府，就算你赚了 2 亿日元，最后也只剩 1 亿日元而已。但是以你的公司，如果一年能赚 2 亿日元，那应收账款也会增加，尤其是在营业额突然快速增加时，只要会计人员在催款方面稍微懈怠一点，未收回的应收账款很容易就会超过盈余。这样一来，缴完税以后，剩下的 1 亿日元可能还不够用来充当尚未回收的应收账款呢。

你应当了解，如果利润率不够高，根本不应该再从事设备投资。如果没有很高的收益率，即使你能调度到所需的资金，也承受不了贷款利息偿还压力。因此，如果你要追加设备投资或周转金，只有在税后盈余的范围内进行才正确。

我在创业两三年后有一次经验，当时我想向金融机构申请贷款，但是因为没有担保品而被拒绝。那时我用来做担保的就是我的利润率。

我的情况是第一年的获利就有 10%，因此我直接找银行分行的总经理洽谈，“只要是像我们一样的创业型企业，没有担保品是很正常的吧？请就我的营业额、就我的表现和我过去的实际成绩做评价，然后贷款给我。”结果分行总经理说：“我了解了。那么就用你刚买的设备作为担保品，贷款给你吧。”我当时能够借到钱，是因为我拥有 15% 的盈余，这才是主要原因。

但是你的情况有点糟，脱离赤字经营才不过几年，目前的盈余也只有 3%，可能才要出现 10% 的盈余，你却已经考虑要节税，如果你盖住好不容易才出现的利润，银行当然不会相信你。或许你看到眼前商机不错，是从事功能、机动投资的好时机。然而我认为，你真的想扩大公司，现在就应该找到对的舞台才行。

就眼前的金融机构而言，与其将资金借给有资产但是业绩不成长的企业，还不如将钱借给虽然没有资金，但是表现良好、前途看好的公司。我认为对你而言，提高公司的利润率和信用度，然后用保留下来的资金去增加新的设备投资，才是更稳定可行的经营方式。

【塾生提问之五】

如何保持扩充经营与贷款增加间的平衡?

敝公司主要的业务是运送液体化妆品，属于运输业。因为我的二哥，也是公司经营者，他一直想走积极投资、扩大经营的路线，我对他拟定的经营方向感到恐惧不安，因此向您请教。

依据现任总经理的经营方针，本公司自日本泡沫经济后期以来，就不断进行设备投资。具体的项目包括买进两块地准备作为仓库用地，在九州岛设立运输分公司，并于 1993 年与关系亲近的客户联手在日本北方设立化妆品加工厂，开始经营制造工厂。总之，由1990年起，五年之间，总共投资16亿日元，而且全数是用贷款来支付。内容包括仓库、工厂用地约 10 亿日元，工厂设备花费 6 亿日元，未来因为这些投资，可能还需要追加贷款。

我们所属的行业中，中小型企业林立，竞争非常激烈。为了将来的生存，规模扩大到某种程度是有必要的，因此才会急着采取扩大策略。我的兄长主导的扩大投资的确收到了效果，营业额和利润呈现双增长。在全县业者总订单减少的情况下，本公司过去三年的营业额由 16 亿日元增长到 20 亿日元，利润也由 5000 万日元增为 1.6 亿日元。但是从去年才开始开机生产的化妆品工厂，无论营业额或利润都比预期低，本来希望会来下单的邻近工厂也持观望态度。

再说本业的运输，本来就是微利产业之最，只能靠辛苦工作赚点工钱，想让利润急速扩大根本不可能。新投资的化妆品制造业，也停留在生产基础产品而已，未来可能会因为进口商品的竞争而备感压力。更让我担心的是，我们究竟能否忍受庞大贷款所带来的利息，以及设备过剩所产生的设备摊销的负担?

我的想法是，应该让已经扩大的企划暂时中止，设法减少贷款，随公司业绩的进展，再一步一步扩大营业内容才对。有时我会利用股东会议，提出问题和看法，但是我的兄长和干部们总是一笑置之。请问我该怎么做才能说服他们呢?

【塾长回答】

不懂会计的人无法成为经营者

或许你因为进了盛和塾以后，受了我的影响，才对会计采取了非常保守的看法，因为我总是认为“借贷太多是一种罪恶”。但是你兄长的盘算在于，以目前银行贷款利率行情可以这样做，我认为他的想法并没错。当我看到你给我的经营数字，发现你兄长的经营很好，不但营业额持续增长，你所担心的偿还贷款和利息问题也还可以忍受，主要就是因为利润率也在增长。

当然，你针对“设备投资如果加速扩展，贷款会不会过重”感到忧心也是正确的。问题是，我想你的兄长应该比你更了解会计，因此对自己的经营充满自信。你却以冷淡的态度指责他“置公司于危险的状态而不顾”，他当然不会听你的建议。因为数字会说话，就凭这些数字你就应该接受令兄的决策才对。因此，你应该更用功学习会计，具体而言，要能够读得懂公司的损益表。分析损益表的能力愈强，说服力也愈强。

接着我想简单介绍损益表的阅读方法。

以你的公司来看，因为分属于运输业与制造业两种行业，首先有必要分别做出不同行业的损益表。

开始做时，就会出现营业额数字，从营业额扣除直接成本和营销费用，剩下的就是营业利润。直接成本当中，用来检查设备投资是否正确的就是“摊销”。这些要依不同行业编列，例如运输业为汽车、加工业为工厂，用已经确认的个别营业额去追踪，如果摊销的延长率比营业额的增长率还高，代表“设备投资过剩”。

接着来检查“营业外损益”，即业务收入和支出，其中用来检测设备投资是否健全的指标当然是利率。这时候也要根据不同事业去追踪利率，如果利率的增长率比营业额的增长率还高，当然作为潜在资源的收益就相对减少，此时就可以说，“借贷过度了，应该让设备投资更安全才好”。

由营业额中减掉直接成本、间接成本，就是营业利润。用营业利润减掉营业外收益就是所谓的经常利润。如果要让公司经营走向正轨，就要能够严守只能用摊销和税后利润作为偿还贷款的资金。

但是，购买土地是无须摊销的，因此用来买土地的手头现金或银行贷款，只要现金流量够，就没问题。但是工厂设备的摊销却还得加算利息。假如你希望能够说服你的兄长，首先你自己应该能够做出各事业的损益表，能够正确掌握摊销、营业利润、利率与经常利润的消长才行。

最后要说的是，虽然你的担心有些不着边际，但也不能说你是过度担心。理由就在于，目前的利率可以说是有史以来最低的。假如有一天利率升高一倍，现有的利润就荡然无存了。就此点看，你的担心颇有道理，看看过去与现在的利率变化，设备投资还是有必要踩刹车的。

我一直强调“没有10%以上的利润不行”，假如营业额达20亿日元，那么税前利润至少要能拿到2亿日元。如果贷款总额很高，获利也要更高才行。因此你可以这样对你的兄长说：“哥哥，你投资这么多，还能保有利润，主要是因为目前的利率低，利率如果像过去一般高，你的利润可能就全部不见了。因此如果你的营业额有20亿日元，一定要确保能够拿到1亿日元的利润。随着业务内容扩大，也要同时确保高的收益能力才行。然后一定要在摊销范围内，确保偿还借款，减少借款金额，把利润蓄积起来作为公司内部保留金，这样就能用来增加设备投资，让我们走向更健全的经营。”

我总认为“无法了解会计的人，不可能成为优秀的经营者”，因此我常向干部说明账目报表的内容、损益表与资产负债表的阅读方法。

以下提到的是一则可能你早已听说过的故事。当初我是用一位朋友西枝先生借给我的1000万日元，创立“京瓷”这家公司的。西枝当时对我说：“这是我用房子做抵押借来的钱，我的妻子也同意我的意见，她说：‘虽然他这样年轻，但是能帮助你崇拜的人，就是我的愿望’。”假如我失败了，西枝先生一家人就可能露宿街头。当时我的心情就像现在的你一样，对借钱感到恐惧，但又无法不借钱。

但是我第一年的盈余就达300万日元。我一时以为，这样一来，我3年就可以还清借款了。问题是会计告诉我，“利润的一半是税金”，“你还有债要还，别傻了”。技术出身的我，当时对会计几乎一窍不通。

结果，把利润处理清楚后，手头上只剩下100万日元。这样一来：“还完借来的钱总共要10年。”想到这里我感到有点气馁了。可是西枝先生又对我说：“事业这种东西，本来就是用借来的钱去扩大的呀！只要你可以应付利息和摊销就没问题，别担心！”结果，他还笑我：“就算你技术超人，光是这样也不能成为好的经营者哟！”

结果以上的思维就变成我思考的根据，我想到了不靠借贷就可以扩大经营，也就是今天京瓷所采行的无借款经营法。因为我勤于研究会计，因而创造出京瓷会计学、管理会计学和阿米巴管理会计系统。

我相信只要你认真研究盛和塾的会计原则，然后秉持现有的想法继续努力，你一定可以成为优秀的经营者。盼你们兄弟合力做好经营。

【塾生提问之六】

如何考虑先行投资的时机？

敝人经营进口汽车销售企业，为第二代总经理，上任至今7年。我希望能在2000年时，让业绩增长两倍，因此我想请教您有关先行投资的看法（所谓的先行投资，是指看好未来可以赚钱，因此预先从事金钱或时间上的投资。——译者注）。

请容我先向您报告本公司的业绩：由于员工的努力和顾客的协助，过去3年公司业绩连年增长，去年突破30亿日元。公司经营已经从泡沫经济崩溃的恶况中走出。另一方面，利润率去年达到5%，就销售行业来说，我想已经达到盛和塾认定的及格水准。

公司目前总共有三个营业网点，员工人数45名，其中包括15名营销人员。1个业务员一年平均销售30辆车，一年总共可以销售400多辆。由于销售量增加只能靠每位销售人员增加销售车的辆数，或增添营销人员来达成，就目前的情况来看，我别无选择，只能利用3～4年的时间，培养一批每年可以销售30辆以上的营销人员。

就我的立场而言，我不想随便增设新的营业据点，为了让销售辆数能成倍增长，我预计每年增加大约5名营销人员，并努力保持优质的营销队伍。以这样的规模，我无须增设店面，但是我需要能做售后服务的工厂，如果自己投资，大概需要投入1亿日元的资金。

我也记得塾长曾经指导过我们："投资应该尾随在后，并非投资之后营业额就能增长，因此要在眼前的设备已经用到极限之后，才开始考虑追加投资。"

但是，由于我们是销售商品的企业，为了提高营业额，一定要确保人才，即使因此让业绩一时掉落，也只好继续做先行投资。但是眼前的经济形势恶劣，我又担心如果投资下去，可能让好不容易达到的盈余水准又往下滑落，因此我心中感到非常不安。

我想如果有了您的指导，我就会感受到强力的支持，敬请给予批评和指教。

【塾长回答】

彻底贯彻精简经营

你想从事先行投资，却因为我曾经告诫过大家“脚步站稳了再从事新的投资”，因此心中有点犹疑。

事实上，京瓷以前的会计曾经将我的经营理念整理成册，名为《京瓷会计学的出发点》，你学到的是其中很重要的一节，与你提到的内容相关的项目应为“固定费用的增加应该慎行”。内容如下：

“总经理应当经常用图示方式说明损益平衡点，让大家留意固定费用的增加。对于会变成固定费用的设备投资理当非常慎重，应该有了评估报告之后再做决策，裁决的结果如果是有必要投资，就应该以最快的速度果断地执行。还有人员的增加也会让固定费用膨胀，应该谨慎，特别是间接人员的采用，更应该严格地检查增员的必要性。”

你的计划正好与这一节提到的“固定费用的扩增”内容相符，你担心人事费用增加将带来危机。你的担心虽然有道理，不过根据我对眼前日本进口车市场的观察，我认为进口车未来将会更加普及。一方面是因为价位降低了，一方面是开进口车颇为流行的趋势。在这个时间点进行先行投资，我认为是很好的契机。

因此，只要你能确保 5% 的利润率水准，我认为你可以拿出勇气，大胆进行先行投资。我认为你这种“以每年五人的速度，慢慢地增加”的平稳思考方法非常好。

我的看法是，你目前拥有 3 家店面、45 名员工。因为你有 15 名销售人员，表明员工当中有 1/3 是营销人员。也就是说 1 个营销员要养活 3 个员工（包括你本人）。目前 1 人一年卖 30 辆，可以养活 3 个员工，假如新采用的人一年可以卖 10 辆，就可以赚到自己的薪水。但是，新人如果卖不到 10 辆，公司就会亏钱，就必须用现有的利润来填补。

假设新聘的营销员，第一年的业绩挂零却支领 400 万日元年薪，那么第一年增加的（5 人）人事费用所需要的 2000 万日元，可能会让利润消失殆尽。但是这 5 人一年以后，如果每人一年可以卖掉 10 辆车，那么利润就会恢复，只是利润率可能一时降低，之后的两年如果能训练到每人每年卖掉 30 辆车，利润率就会突然升高。跟现在由 15 人养活 45 人相比，到时是由 20 人养活 50 人，相比之下负担轻松多了。假如用同样手法重复操作，目前只有 5% 的利润率，可能就可以升到 10%

左右，不过先决条件是，不可以增加间接人员。

就一般情况推断，如果增加营业人员，总务人员也要跟着增加才行。也就是说，很容易就增加间接人员。接着又需要增加设备，结果利润又因此停滞不前。你也提到“人员增加的话，就有必要设立售后服务工厂”，不是吗？我明白“营业额增加，经费也会增加，这是常识”，不过，这类投资通常是在业绩增长之后才开始追加的。

基本上只要维持 5% 的利润率，不要轻易增加间接人员，你的计划是非常符合时机的，光凭这点我就认为你会成功，拿出勇气努力冲、冲、冲吧！

第三章

提高员工的干劲

【塾生提问之一】

如何提高优秀、资深员工自我启发的欲望？

我经营由父亲创立的“公共补偿顾问”业，专门协助政府做好土地收购、噪声、震动问题引发的补偿工作。我的烦恼是不知如何才能激发公司内资深优秀员工的自我启发欲望，也就是激发他们取得专业人才资格的欲望。因此希望您能给予指导。

本公司的主要客户是主掌公共工程的政府机关。最近因为经济形势低落，业界对于政府机关的需求的竞争也越来越激烈。或许与环保问题日受关注有关，政府对工程顾问公司的品质要求也日趋苛刻。最近，政府依据公司内拥有一级建筑师执照的人数，对业者做排名，作为选定业者时的参考。因此公司如果想拿到工作，除了必须具有实绩、业务能力之外，还得雇用更多具备专业的员工才行。

问题是，那些资深优秀员工，只要我指示业绩目标，就朝着目标努力，自动加班甚至在假日出勤也在所不惜，非常努力地工作。但是这些优秀员工，对取得专业资格并不感兴趣，也因此造成我的烦恼。他们欠缺意愿，主要是因为对年纪较大的他们而言，学习是件很辛苦的事。另外的原因则是他们认为经验才是真正的能耐，只要有此能耐，即使没有资格，也可以完成工作。

为了表明我很重视，我自己率先努力，取得一级建筑师等多项资格，到现在，我都努力不懈。我甚至想到放弃优秀的老员工，把希望放在年轻人身上算了。但是回头想想，那些已在技术上称王的人，如果再取得资格，就能如虎添翼。再说，如果年轻人纷纷取得资格，未来公司人事的金字塔可能崩溃，这些优秀人才也会失去立足之地。我就以上重点，不断告诉他们取得资格的重要性，并尽量鼓励他们，但是他们依旧逃避，我的努力完全不起作用。

这样的公司体制要如何改善，有何具体的方法可以启发他们吗？

【塾长回答】

人就是石墙，人就是城

因为你本身就是个优秀人才，于是你走在全公司员工之前作为模范，取得了很多专业资格证书。因此把取得资格证书当成理想，拼命努力说服员工取得资格证书。我就先说结论吧！我认为你这样做是在浪费精力和时间，是行不通的。

“那些优秀的员工，只要我指示业绩目标，就朝着目标努力，自动加班甚至在假日出勤也在所不惜，非常努力地工作”，能做到这样不就足够了吗？因为你自己做得到，就认定如果既有经验、又具资格，就能如虎添翼。事实上，我们的工作并非把全天下最完美的人都集合在一起。年纪大了还要用功读书是很辛苦的事，再说，这些优秀的资深人才用他们的经验就可以办事，要他们再去学习当然会听不进去，应该让他们去指导年轻人才对。假如内部训练不出能取得资格的人才，还是可以对外招聘的呀！

我觉得真正的问题是“你太注重资格了”，因为你不断强调“资格很重要，很重要”。这种气氛如果在公司内传开，那些拥有技术却没有资格的人，心情一定会受影响，如果再推波助澜下去，就有可能让整个组织因此崩溃。

日本人常说“人就是石墙，人就是城”，就是中文“众志成城”之意。如果把企业视为城，企业内的人当然就是城墙上的石头。能够筑城的石头当然不是只有大石头，单靠可以显现存在感的大石头无法筑出城墙，很多填补大石之间缝隙的小石子结合在一起时，牢固的城墙才能成形，然后才能支撑整座城池。

事实上也有虽然能力不大，但就人品而言却是很优秀的人。对经营现代化企业的人而言，可能觉得这样的人能力不足、没有太多价值很可惜，事实并非如此。眼光短浅者认为这些人工作没有效率，因为他们一心只想聚集拥有资格的人才，却不知道那些对公司具有很高的忠诚心、终其一生努力为公司尽心尽力的人，才是公司最可贵的资产。“有智慧的拿出智慧，没有智慧的献出汗水”，这就是组织！

此外，我的经验也告诉我，像你提到的“具有好头脑又拿到资格，如同添了翼的老虎”般的人才，也很难终生共事。在京瓷 30 多年的历史当中，只要是让我想到“这个人很优秀，这个人未来可能会继承我的位置吧”，结果这种人一个也没有留下来。话说回来，让京瓷技术不断革新、支持京瓷成长的，并非只有少数拥有博士头衔的研究人员。正是依靠一般研究人员与员工脚踏实地努力，蓄积活动成果，公司才能展现今日的成果。

我对组织成员最初也是最终的看法是，如果对方是没有才能的人，那么我会看这个人的心态；如果他很认真，总是为公司着想，非常努力地工作，我就会重视这个人。总之这关乎一个人的心态，他的品德与对公司的爱心达到什么程度，才是我判断人的首要条件。

因此，例如那些虽然没有取得资格，但是对公司具有非常高的忠诚心，为了完成业绩可以加班、牺牲假日到公司拼命工作的人，那些从父亲时代就表现优异的资深员工，就像你口中赞叹的“优秀的资深员工”，应该受到重视才行。

只要你能转变成这样的思维，那么你的公司组织是不会崩溃的。然而，如果你显示出没有资格就没有价值的表情，接下来年轻人可能就会以下犯上，最后组织很可能因此瓦解！

无论如何，请用心面对经营才好。

【塾生提问之二】

如何让三 K（肮脏、辛苦、危险）产业业种的员工以公司为荣？

敝公司主要从事大楼建筑物、道路结构、桥梁外表的油漆工程。员工总共 17 名，其中包括 9 名技术人员。目前由父亲担任总经理，我负责总务。如果公司没有倒闭，我将会是第三代经营者。

因为我们油漆业就是社会上认定的“三 K 产业”（原文为肮脏、辛苦、危险，这三个字的日文发音都是 K 开头。国内的说法是，工作性质较辛苦、员工工作意愿较低、缺工严重等行业称为“三 K 行业”。——译者注）。在这种风传的评论之下，我不知道如何做，才能让员工以自己的工作为荣，也因此感到烦恼，请不吝指教。

为何我无法以自己的工作为荣，甚至喜爱这份工作呢？因为事实上它就是属于肮脏、辛苦、危险的职业呀！或许可以说这是世界上最坏的工作的代名词，干这行的人都是最没有能力的人。

这种情况反射出来的现实是，很少有人愿意担任技术人员，只好找中学毕业、没有上大学的人来训练了。接着，好不容易训练成功，成为一个技术人员之后，往往又被同业挖走，甚至被薪水比较高的服务业挖走。社会上就有“职业运动选手与技术人员总是往薪水高的地方流动”的情况。本公司培训出的技术人员当中，至今一直待在公司未曾离开的只有一人。

以前我还会对技术人员描绘未来的梦想，例如“把工作做到最好，让世界认同我们”之类的话，但一切总是徒劳无功。最近我好像与这个行业切割开了，开始认为，优秀的技术者，只要能找到薪水更高、也很体面的工作，不妨就跳槽吧！

事实上这是我的家族事业，我无法不接这份工作——一家微不足道的油漆行。这并不是自己想要的、理想的事业，但是公司还有不少贷款要还，根本没有退路。在此情况下，我该怎么做才能让员工以工作为荣，并且化解世人对这种行业的误解呢？

【塾长回答】

为工作找出伟大的意义

从事眼前的事业，你情非得已。但是你又想激发员工热爱工作。这听起来好像很矛盾。我想这是个很难解决的问题。首先我想说的是，无论自己所从事的是多么琐碎的工作，如果因此觉得自卑，那绝对会变成更麻烦的问题。

你想想看，在这个想独立养活自己都很困难的时代，你却雇用了十几名员工，等于养活十几个家庭，还要缴税给政府。光是这样，你已经是社会上相当优秀的人才了。但是经营本身还是很严肃的事，经营者鄙视自己的职业，就好像对着上天吐口水一样，结局恐怕是越来越糟糕而已。

这世界上并非只有你从事“三K产业”。我在40年之前创立京瓷这家企业，所谓的陶瓷其实是一种需要烧的东西，自古以来烧窑业就是个很肮脏的行业。要揉搓黏土，然后还要削切，过程中会产生灰尘，员工吸到灰尘还会得肺病。就此点来看，我和你一样，是属于“三K产业”。但是当初我如果认定自己是没有前途的烧窑业，也就不会有今天的京瓷公司了。

就算它是个很艰辛的行业，社会上也总是投射不屑的眼光，但是你身为经营者，绝对不允许这样想。我希望你一定要改变这种想法，不要把自己的公司看成油漆行而感到自卑。这个职业是由你的祖父创立、你的父亲继承，现在又由你接手的，你应当认定“这是上天赐给我的天职”，接纳并喜欢这项工作才行。如果你不能把它当作天职，全心喜欢这项工作，又怎能要求那些并非和你一样继承家业的员工，以自己所从事的工作为荣呢？

事实上，你不认为自己的工作很伟大吗？因为我是学化学的，所以了解铁制的东西很容易氧化，氧化以后会变脆。无论是建筑物或桥梁，如果不上油漆任凭风吹雨打，经过 10 年以后就会生锈和腐烂。巴黎的埃菲尔铁塔经过几百年，外表却依然如新，就是因为每年都重新油漆一次。如果不是这样，钢筋很快就会断裂损坏。

因此，身为经营者的你，有必要时刻提醒员工“虽然我们是世人瞧不起的油漆业者，但是你要知道，这些具有无上价值的工作就是由我们做出来的”。问题不在世人的眼光不好，而是需要自己为工作找出伟大的意义，并且具体写出这些意义，最后要让所有员工的心为这些意义沸腾。

其次，我在你的话中发现，你最在意的还是你无法让员工团结一致。我认为事业是否有趣，是能否让从业人员团结一致的重要原因。总经理一句话，大家都举双手赞成。要做到这样，有必要让所有员工先了解你个人。无论这些人有没有能力，要让他们接纳你，最重要的就是让他们能够了解你。一定要做到让员工说出“只要是总经理交代的，无论多么辛苦也一定要完成”，否则你的人际关系是失败的。

那是一场无时间限制，但却一招见真章的比赛。只要自己有工作，就从早到晚努力做工。下班之后尽可能召集大家一起出去用餐，餐后再喝杯小酒。凡人，只要酒一下肚，心胸自然就会开朗起来。然后一边为他们斟酒，一边对那些很努力工作的人说“谢谢，请继续帮忙”，对那些犯错的人就直言“你做错事了”。如果自己有错，当然也要认错。我认为，斟酒的时刻可以说是公司内交谈的最佳场合，也算是企业界人士最高的修行道场吧！

如果你能用这样的态度与员工接触，我相信任何人遇到你都会改变。我不是劝你没事就找员工去喝酒，而是努力让你所重视的员工，能够打心眼里接纳你的为人。员工人数不是只有十余人吗？你们要成为患难与共的好朋友，你要让这群朋友说出“你真是个好男人”，并展现你让人羡慕的魅力，就从这里开始吧！

【塾生提问之三】

如何活化高龄员工？

我经营的企业已经70岁，目前年营业额达30亿日元，是一家拥有50名员工的糖果批发商。父亲是第二代总经理，我担任业务经理。

过去我们经营的商品并非名牌商品，而是以地方厂商生产的糖果为主，我们主要出货给中间（第二层）批发商。后来因为受流通产业革命全面波及，中间批发商的市场几乎完全消失。我们为了生存，只好努力开拓超市、折扣商店等新市场。我认为如果不争取直接销售的毛利，未来的市场会更加萎缩。问题是这些年届高龄的员工却不肯配合我开拓新市场的经营方针，我因此感到十分烦恼。请塾长指点迷津。

本公司的组织分为近郊部、地方部和地方营业所三类。资深老员工分属于各部门的管理阶层，底下配置年轻的员工。我曾经发文给所有员工，要求包括业务部等各个部门“应该以开拓新市场为首要工作”，但是那些资深老员工，可能是从我小时候就认识我的缘故，根本不愿照着我的要求行动，他们只愿意处理旧的中间批发商发过来的订单。

另一方面，年轻的员工则率先照着我的指示，努力协助我开发新市场。因为他们的努力，公司营业额中新顾客的比例终于脱离过去 3 年的 3%，提升到 10%。

我很想让资深老员工也能再度点燃心中奋斗的热情，于是利用喝酒的时候，劝说他们。可能因为作业方式不同、新客户的年龄层属于年轻阶层，他们无法活用原有的业务经验，因此都对我的提议敬而远之，丝毫不想改变工作形式。

我认为不论是年轻员工或资深人员，都应该成为有魅力的人才；我也不愿因为不听我的意见，就开除陪同祖父、父亲一路努力过来的老员工。因此希望塾长能就如何让高龄员工也能散发活力这个问题，提供您宝贵的意见。

【塾长回答】

用数字证明事业的价值

我认为只要和我一样是经营者，愈是听到这样的问题，愈感到担任第二代、第三代经营者真不容易。如果我自己站在同样的立场，我也怀疑自己是否能克服这些困难。

你的公司主要是到地方上的糖果工厂，找寻好的商品，再采购进来，并批发给第二层的批发商。但是碍于时代改变，二次批发商已无利可图，连微薄的利润都赚不着。因此你们只好开发新市场。如果这些非名牌、价值却异常珍贵的糖果也能受到认同，就可以赚取毛利，开拓出一条活路。但是问题在于，你聚集了公司中的老员工并告诉他们："未来我们应该直接出货给超市、折扣商店、精品店、礼品店，否则无法和别人竞争。"虽然你用尽心机想说服他们，但是老干部们还是依据习惯，一味地针对中间批发商出货，不肯开发新的客源。问题是你又不能辞退他们，因此带给你很大的烦恼。

不过，我的看法是，你只要变更你的组织、让各部门的财务独立就行了。其实，你根本无须为老员工不肯配合而叹气，也无须辞退他们。

具体的做法如下：首先你必须在现有的三类组织内，设立批发与直接销售两个平行的部门，也就是就市场来分类；然后让负责开拓新市场的部门独立出来，成立一个专门的营业部。其次就是让批发部门再就地域做更细的区分。贵公司目前的营业额规模约 30 亿日元，依比例计算，对第二层批发商的营业额约 27 亿日元，对新客户的营业额约 3 亿日元。因此组织方面，针对第二层批发商的部门可以分为五或六个部门；在人员配置上，因为贵公司总人数约 50 人，依此针对第二层批发商的每个单位可以配置 5 ～ 6 名员工，交由资深老干部去领导；新部门配置 2 ～ 3 名年轻员工，由你自己指挥。然后每个部门自负盈亏，营业额、毛利、人事费、经费全部独立计算，让各部门从营收和损益上自行竞争。

总之，你自己领军的新客户开发部门，也要做到营业额、利润都增长才行。假如批发部门的损益明显变坏，就让数字来证明。如果无法提出科学的证据，你就无法说服父亲与资深的老员工。目前你的立场是“必须用数据证明事业的价值”。

在此架构下，如果真如你所言“由资深老干部经营的批发部门的损益应该会出现赤字吧！而且由第二层批发商对零售商出货的流通方式将越来越萎缩。因此就像我所说的，一定要开拓新客户，如果不努力开发新客户只守着旧有的市场，无论哪个部门，业绩都会越来越萧条”，那你就有理由可以说服老员工了。

问题是，由你带领的开发新客户部门，既然已经脱离既有部门，万一你的部门亏损，一定会被员工当头棒喝“经理你在说什么呀”，接着批判你“现在我们的损益状况明明很好，怎么说我们的业绩停滞不前呢”。

就目前状况来看，对第二层批发商的生意才是贵公司主要利益来源，即使放任不管他们，损益也还算不错。既然如此，何不放手让他们继续做呢？你只要和年轻的员工一起奋斗，把开发新客户部门做好做大就行了。换句话说，你眼前主要的工作就是，伙同年轻员工“蓄积实力”而已。

再怎么说，都是你非继承不可的家业，如果硬让不喜欢的人变成工作伙伴，工作的气氛可能很尴尬。你个人想从事的开拓新市场，事实上已经在你手上展开，从今天开始你就可以开始培养自己能够信任的年轻部属了。如果你现在就在公司整体员工中训练年轻干部，一定会引起内部的摩擦。因此，利用开发新客户的部门来训练年轻干部，对贵公司的未来而言是非常正确的。

接下来，如果目前营业额只占一成的新客户开发部门，业绩成长到占全体的五到六成时，就可以对着资深老员工说

“光靠第二层批发商已经养不活公司了，你们的收益能力如此差，却领这么高的薪水，我只能请你们自行请辞了”，给他们压力。那时候相信他们就会开始正眼看你，并且思考应该参与开发新客户的行动。如果还是不行，就可以大方地对不合作的员工说：“我想辞掉你们，让我自己培养出来的年轻人出来担任干部。”

此文一开头我就声明，继承家业者的处境很艰难，理由就在公司内的老员工，从你还光着屁股的孩童时期就开始为公司卖命，也目睹在一个安定、安逸的环境中，你被培养长大的全部过程。

如果你就目前的状况，和老员工之间产生摩擦，你的父亲就会夹在你们中间，只好以“年轻人说的的确有道理，不过历来一起奋斗的老干部也很可爱呀”来打圆场。

我自己也是创业者，因此我的员工都是长年与我一起打拼的人，他们也都十分尊敬我，因此没有任何问题。你的问题在于，老员工认为你“毫无成绩可言”，面对如此的批判，就算你多么有实力，一时之间，恐怕也会无言以对吧！

我认为你能说出“虽然我很年轻，但是还是希望被大家尊敬”这样的话，就已经非常优秀了。因此，未来我也会针对立场和你相同的第二代、第三代经营者说这番话。为了帮助你赢得大家的尊敬，我希望你从今天开始，无论事情多小，都可以拿出成绩，然后逐日累积下去。更重要的是凡事必须谦虚，如果你很谦虚，相信老员工就会受到感动，并跟随你继续努力工作。

绝对不要过于慌乱或急躁，请不断积蓄你的实力，由衷期待你能成为值得尊敬的经营者。

【塾生提问之四】

如何培养有共同哲学观的年轻人才？

敝公司是在明治时代（1868—1911年。——译者注）创业的综合批发商，目前酒类、石油、饲料三部门的年营业额合计150亿日元。但是就营业额规模而言，利润率偏低，可以说是典型的“家族企业”（由同一个家族掌控的企业）。

我想就年轻人才的培养，向塾长请教。

我曾经在其他企业任职，直到八年前才进入现在的公司。近年来，本公司因为市场不景气，业绩开始出现滑落迹象，结局是公司内部纷争四起，出现混乱的局面。就在混乱时期，我看到塾长的演讲录像带，突然兴起念头，说服亲族，去年开始，代替父亲成为公司总经理。

就任总经理以来，我一方面研读稻盛哲学，以此为基础，架构自己的经营理论。首先我彻底地裁汰冗员并调整薪水，禁止再创新事业，也重新检视公司选定的商品。总之，我将重点放在削减经费，全力消除经营上的赤字。

到了今年9月的结算期，终于让所有部门恢复盈余，赤字问题目前总算告一段落，但是今后，让我最担心的问题是我一定要尽全力培养干部。因为过去训练出来的干部，平均年龄已经超过55岁，我之所以能够进行裁员，就是靠这群忠诚心高的干部，但是再过10年，他们就全部退休了。

我过去也想培养和自己同年龄层的干部，但是有希望成为候补人选的，至今只有5名，而且他们每天全副精力忙着工作，似乎已经没有任何时间可以运用。此外，就能力而言，我看到的情况是，目前正在担负现场工作的这群年轻人，即使跟他们诉说塾长所强调的“利他心”“宇宙法则”，我怀疑他们也无法理解。

我一直认为，如果我的重要干部不能拥有和我一样的经营理念或哲学，一定没有办法协助我让公司继续发展。请指导我，如何让时间、能力都很有限的年轻员工，能做到和我拥有一样的经营哲学呢？

【塾长回答】

让其神往

我觉得你真是个伟大的人。你的公司是地方上的百年老字号批发商，因为经营出现赤字导致公司内讧，在危机当头时，你勇敢地接任总经理。光这样就足以看出你的勇气，没想到还可以让公司各部门的赤字全部转为黑字，更是让人觉得你很伟大。

问题是当你想重建企业组织时，发现现有的高层干部与员工中间有断层，欠缺干部候选人。目前你本人也未满 40 岁，你想从 30 多岁的员工中，培养出未来的干部，但是却发现不但人员不足，现成人选的能力也有问题。首先出现的问题是，他们根本找不到多余的时间可以学习。因此你问我，为什么会这样?

回顾自己的历史，我创立京瓷时只有 27 岁，当然所有的干部都比我年长。那时因为我太年轻，因此我认为干部还是需要比我年长、智慧与经验比我丰富的人。并且，不久之后，我也遇到和你同样的问题，感到无比烦恼。我想，这个问题可以说是经营者面临的共同问题吧！

就我而言，我是尝试过无数次的失败之后，才设计出一套“青年经营群系统”的训练制度，设立一个让年轻员工模拟的股东会议。由于他们只能在口头上发表意见，并没有实权，也因为“青年经营群系统”用的是英语名词，真正的经营干部并不完全了解其定义，因此也不会产生对立的感觉。我利用机会告诉年轻人“我将你们视为训练对象，是因为未来我想跟你们一起工作”。于是我和他们一起学习，借此培养人才。我劝你不妨也用这种方式来培训你所需的干部。

就你的立场而言，首先你应当让目前的经营干部和参与经营的亲人了解，你可以用“我有幸担任总经理，也一直努力工作至今，我认为未来还是有必要培养新的年轻干部。目前有 5 名人选，我想提拔他们担任没有实权的经营干部，跟在我身边学习”，来说服他们。

然后你可以对这 5 名年轻人说“我想以各位为对象，训练你们参与今后的经营。首先我想问各位，你们愿意跟我一起学习吗？如果愿意，那你们可能得在工作结束之后，准备好饭团当作晚餐，八点准时集合。有时候还要在休息时间内拨出 3 个小时到公司来，就此拜托各位”，然后将他们聚集起来。

这样一来，原本认为自己既然非经营者家族，只要领薪水过日子就好的员工，就会产生另一种自觉，心想总经理既然对我有所期待，说不定我也有希望晋升为经营干部。因为有了这种自觉，就不再像以往那样想着，参加夜间研修应该可以领点加班费吧！反而主动在夜间与周日跑进办公室加班。就在你说出“我想以各位为对象”时，他们也会跟着产生“既然总经理如此期待我，我一定要为总经理竭尽我的心力”的心情，这样一来，没时间也会挤出时间来学习。

接着你提到能力的问题，那是无法取舍的，你一定要信任他们才行。我认为你只能信任他们，把他们拥入怀中，无论到哪里都要不断告诉他们，如何做才能让公司变得更好。

今天京瓷已经成为年收 1 兆日元以上的大企业，在如此不景气的情况下，仍然维持高利润。但是领导这个大企业的，是我尚未创立京瓷以前，在另一家公司任职时，一群高中毕业就进入公司担任我的助手的员工。当初我教育他们时，完全没考虑过他们的学历或能力，就用我大学时代读过的书，传授有关陶瓷的知识。那时一边工作，一边仔细地教导他们，结果他们的成就比后来进入公司的大学毕业生还伟大。跟着我这个堂堂大学毕业的知识分子，一起担任公司的经营干部。

最后我还注意到一件事，那就是你断然采取裁员这件事。为了重建企业恐怕是非常严厉的削减经费吧！因此，我担心在你的公司内部，虽然也有人对你的手法给予好评，应该也有人反对你的作风吧!

因此，我认为你有必要多利用时间与公司内部沟通，沟通的对象不应该局限在你寄望将来的人选，凡是对公司有忠诚心的人，都应该时时和他们沟通意见才行。

我也经常在寻找掌握人心的秘诀，但是我找不到。为了将你一路学到的经营哲学拿出来与你的员工共享，你只有面对所有员工，不断轮番向他们诉说这个方法可以用而已。

因此，我总是利用聚餐、喝酒的时候和我的员工交谈。无论男性或女性，只要一杯酒下肚，胸襟都会突然打开。先创造出这样的心理环境，然后自然地搬出“我想将京瓷变成这样”的理论，向他们诚恳地诉说。

由于第二代经营者通常因为没受过很多苦，因此容易急着寻找聪明的解决问题的技巧。或许你会说我爱管闲事，但是我真的担心，所以还是要在此提醒你留意以上的问题。

【塾生提问之五】

成为有力的 No.2 领导人的要件

敝公司以直营店的方式，开了多家饮食店。我于 1972 年创立公司，至今一直担任总经理一职。

自从创业以来就不断扩大事业规模的我，今年已经 46 岁了。现在我很想培养自己的得力助手——副总经理，但是几次都因犯错而以失败告终。目前尚无继承人选的我，假如选定副手，将来就要让他继承我的事业。因此，我想请教塾长培育副手的重点和应该留意的地方。

目前具体的状况是，我有几名经理可以作为候补人选，因此我想先让他们成为董事，然后一面训练，一面彻底观察，从中挑出最适合的人。问题是他们都是从公司刚开始时就跟着我一起打拼的同志，也可以说是始终支持着我的恩人。但是如果任命他们担任经营者，就会发现他们不是太过坚硬、不够柔软、人缘不够，就是虽然颇得顾客或员工喜爱，却无法切实做好工作。他们有长处也有缺点，总找不到两全其美的人。

因此，想请塾长就您的经验，告诉我到底什么样的人物适合担任副手，应该依据何种判断基准做选择？还有，如果选定某个人，该如何训练他，才能把他培养成为好的副手人才呢？万一在训练中发现对方并不适合，又该如何善后呢？

长久以来我习惯单独工作，如今如果选出副手，也可能引起某些劳苦功高员工的不满。因此我希望选择能让多数员工满意的人选，然后加以训练。请指导我，如何做才能成功？

【塾长回答】

能驱使才华的人

你的疑问是，处理公司内人事，应该依据什么基准判断适合升格为副手的人选？培育副手时应该注意哪些重点？万一发现选出来的人并不适合，应该如何补救？说老实话，我自己也经常为同样的事情烦恼，这的确是很困难的问题。

首先我得提醒你，像你这样的人拥有一般人无法比拟的优秀才能，你应该对此有所自觉才行。你能够从零开始，创建多家商店，表现出很强的经营才华，有你站在跟前，一般人就显得能力总是不够。因此，虽然你想找到一个能力可以与你相提并论的人来当副手，也就是未来可能的接班人，但在此前提下，你找到的人可能会是“能干的人”居多。

但是，仔细观察那些被视为能干的人，就因为他们有能力，往往不是过度激进，积极从事经营，最终将公司搞垮；就是将公司经营顺利之后，态度变得傲慢不逊，开始胡作非为、玩弄权力。理想的情况是，找到比自己更有才华的人来接替自己，让公司的经营更加顺利地发展；但是如果对方考虑的是安全地继承你传给他的事业，经营态度可能就会变得非常保守。

我的看法是，副手的首要条件是“人品”。我认为，你还是应该选心地善良，能维持一贯正直作风，而且认真工作的人来担任副手。

俗语说：“仁乃人之心，义乃人之道。”所谓的副手，是居于你和部属之间的沟通桥梁，将你的指示传达给部属，将部属的意见传给你。在此前提下，你应该选出具有“仁”“义”“诚实”的人才行。就算在才能上有点不足，不能两全其美，我认为你还是应该选品德高尚的人。

日本人常比较“被才华带着走的人和能驱使才华的人”，目的就在点出“有德者的才能才是真才能”的道理。如果欠缺“诚实”“公平”“公正”等人格品质，却拥有很强的能力，其本人很可能没有注意到，其实有时候自己是被才能耍着玩，变成只知道表现自己的才华，完全不顾周遭的人。事实上，必须等到具有能够搭配其才能的人格出现，才能称得上“懂得使用才华的人”。

副手人选的第二项条件是，了解会计作业。必须了解资产负债表、损益表上所有的检查项目；再者，计算能力不够强的人，绝对无法胜任经营工作。不过我所说的会计，并非商业上的会计，而是从事企业经营时需要的管理会计学。

副手必须具备的第三项条件是，能够倾听别人的话，不只是听有才能、有智慧的人说的话，必须是能集合众人智慧，然后用来做决策。这样的人才行。

那么，在你提到的两种各有缺点的人当中，如果要选一种人来继承经营者，我想我会选坚硬的人。那种对人很好、部下喜欢跟随，但是却做不好工作的人，我不会选他。所谓的经营者，还是得硬一点才行。坚硬的人多少比较冷漠，因此必须提醒他“光会做事还不够”，还要加强学习。

接下来我想回答有关如何培养副手的问题。

首先一定要在副手人选和你之间，建立坚如磐石一般的信赖关系。问题是，如果你不能先信任他们，对方就不可能信任你。再说，如果你想判断对方的人格特质或可信赖度，也一定要先做到彼此认定对方的人格，互相信赖，才有办法进一步深谈下去。

其次，如果发现对方会计知识不足，就可以要求他，“从现在起，到会计学校上两个月课吧！”

接着，要求对方学习你所认同的人生哲学，从事能够提升人格品质的学习。如此一来，他就能够在人生哲学上和你具有共识，双方建立信赖关系，此时就可以把重要的工作交给他去做。

最后的问题是，万一精挑细选出来的人，结果并不适合担任副手，此时该怎么办？如果就像前面说的，你选的是作风坚硬的继承人，如果他也能守住你一手创建的公司，虽然不多，但业绩也成长了一点，那不妨就这点给予他好的评价，你一定要感到满意才行。千万不可以说他“鲁钝”或讲出抱怨的话。因为对方是采用和你同样的基准，努力让公司更进步和发展，并且他是可以改进和进步的。假如用了同样基准，但是他还是做不出成绩，那只好承认看错人，重新挑选副手人才了。

中国明朝的哲学家吕新吾的著作《呻吟语》中曾经提到“聪明才干只是第三等的资质”。也就是说头脑聪明又有才华，辩才无碍的人，在领导者才能中，只能排在第三等级；第一等的资质是“深沉厚重、公平无私”，换句话说，世上最优秀的人应该是经常考虑得很深远、行事慎重、性格厚重，而且处事公平无私。

总之，你我都是很有才华、能干而且能创造业绩的人，因此我们常常只注意到能创造利润的人。我认为这是不对的。

当然，副手也需要有才能才行。但是，真正的领导者要能够深思熟虑，守护公司集团，并且用公平无私的心判断事物。还有，不可以看错人。

容我再重复一次，选择副手的首要条件，第一是“人物（身为人的特质）”，不因成绩、才华，而是“就人的角度而言，是个善良可贵的人”；第二是“清楚了解管理会计学上的计算方式的人”；第三是“能倾听部下意见，集合众人智慧决定事物的人”。要优先就“人物”的角度来选人才，然后将所选出来的人培育成优秀的副手，这样才是正确的做法。

【塾生提问之六】

如何处理员工的进退与人才采用问题？

敝公司属于提供饮食的服务产业，主要经营婚礼市场。我于1972年进入公司，协助因公共职务分身乏术的创业者——父亲，5年前继任总经理之后，公司业绩一直成长至今。至今业绩能够顺利成长，主要是受父亲打下的基础与信用之庇荫。我刚进入公司时，公司的年营业额为5亿日元，员工只有40名，规模不大。现在集团整体规模大幅扩张，营业额达44亿日元，员工人数达180人。然而，一路走来，感慨万千。

自从我就任总经理以来，就在“第二代创业”的名号下，积极从事多元化经营。特别是在5年前，我全面引进事业部制，4家公司合计设了8个事业部，每个事业部都设有董事，并任命董事负责公司的营运。

问题是，当初基于年资、经验、人品等条件都符合要求而任命的董事，后来却发现素质参差不齐，最严重的是做事能力、指导能力不足，几乎完全无法履行董事的职务。我为不知道该如何处置他们而烦恼不已。

我希望塾长能指导我以下几个问题。第一，将一度被提拔为董事的人降职，是对还是错？若要辞退董事，应该由公司辞掉他，还是由本人提出辞职比较好？

第二，提拔人事应该注意什么要点？我发现这次被指定降职的人当中，多数都是因为对公司有功而受到很高评价的人。为了不再重蹈覆辙，我甚至想一劳永逸，采用自己培养出来的年轻干部。

第三，请分析如果由公司外部聘请董事，应该留意哪些要点？

本公司长年以来采行保守的人事制度，如果实行这些人事上的改革，我担心会让公司内部人心动摇。最令我烦恼的还是来自公司内部员工的批评，认为我太冷漠无情。请塾长就京瓷成长的过程中所碰到的实例，或曾做过判断的实例，为我解惑。

【塾长回答】

企业领袖的器量决定企业的高度

你是第二代经营者，却能够做出足以匹敌创业者的事业，真是难得。对你的问题而言，接下来的话好像有点偏离主题，因为我想用当京瓷还是个小公司时，我经常对员工说的话来作为比喻。我也忘了到底是从哪里找到的题材，总而言之，是连我自己也会感动的话题。

这是古时候的故事。有一个乞丐，总能非常准确地预测天气。他就住在桥底下，只要他说“明天会下雨”，第二天一定会下雨。当时的国王听到有关他的传言，就说：“此人在打仗时会有用处，把他找来吧！”于是就把他找过来，而且很礼遇他。

没想到，当他变成国王的仆从之后，他的天气预报就完全不准确了。经过仔细调查后发现，原来当他还是乞丐时，只能长年住在桥下，而且从来不曾洗澡，身上充满污垢，衣服也是又脏又臭。当空气中的湿度增加时，他的大腿股沟部分就湿黏黏的，因此他就知道“明天要下雨了”，每说出来之后，第二天果然就会下雨。但是被召去当随从之后，穿上干净的裤子走进城里，他就再也猜不准天气了，这就是其中的原因。

总而言之，人是会随着环境而改变的。例如看起来好像很优秀的人，必须仔细去了解他被视为优秀人才的实际证据。有些人在工作现场表现得很优异，但是却无法当作管理干部来用。当我想说明这个道理时，就会想到用这个古代的故事来做比喻。

接着，再回到你提出的问题。

首先第一个问题是，目前你采用事业部制度，提拔很多人出任管理干部。目前已经有一个被任命为董事，但是不知道应该如何处理人事问题。尤其是这个干部因为对公司有功劳，评价也很好，所以你选他当董事。就因为类似的人不少，你认为应该正视这个问题。

我认为，如果你与这位董事之间能建立信赖关系的话，就可以直接把他叫到跟前谈话，即使让他降职也可以。虽然一个企业如果有降职处罚这种习惯，你可能被视为“冷漠无情的总经理”，但这也是没办法的。因为问题根本是在于你与部属之间的人际关系和信赖关系，只要关系没问题，那么就算用严厉的方式处罚部属，员工还是会跟着你。因此，如果你具有自信，认为部下仍然会相信你、尊敬你，这样处置并无不可。

问题是如果双方的信赖度不够深，或许就可以告诉对方“就董事的职位而言，你的工作方式是不行的”。但是我认为不应该让他降职，而是将他调到别的部门任职。

其次，你提到应该辞退他，还是让他自己请辞比较好。这是你自己应该主动趋前和他商谈的问题，和他深谈之后，就等他是否能自己说出“总经理，没关系，我会写辞职信”或“我了解，请把我降职”这样的话了。

你认为任用对公司有功的干部担任董事职位，可能会有问题。

西乡隆盛曾经说过“官位应该选适当的人而授予，有功于朝者应赐予俸禄，或给予疼爱”，也就是说官位应该给可以当的人，有功劳者可以赏给财物等报酬，或者给他较多的疼爱。企业也一样，董事这种官不是为褒奖一个终生为公司努力工作的人，选择董事最重要的是看他的气度有多大。

但是，事实上我也曾经提拔过公司内部对其功劳评价很高的人来担任董事。但是那时候我尽可能让他远离经营群核心。

你的第二个问题为，拔擢人才应该留意的重点。

在晋升人事时，最重要的考虑还是就他的领域而言是否具有异于常人的才能，异于常人的成绩，如果有，才纳入考虑。最应该提防的是造成“这是总经理特别提拔”的印象。年轻但是具有被认同的能力、实绩，这样的人就具有基本的可能机会。因此在你想擢升员工时，最好同时清楚“我是因为这样的原因而提拔他”。

再者，一定要让晋升的人才开始学习“帝王之学”（即领导统驭之学。——译者注）。告诫对方“别因为被提拔就忘记自己还年轻，对长辈表现出傲慢无礼的态度，而是应该谦卑地以‘虽然我还不行，但此次总经理让我担任董事，请多多指导’的自白，对其他的部属晓以大义”。总之，第一点就是应该教对方懂得谦虚，而且要不断地努力才行。

第三个问题是，由公司外部挖掘人才时应该留意的重点。

如果先说结论，简单地说就是：应该先酝酿出能够容纳外来人才的环境。

我想以我过去的经验来说明。当京瓷这家企业逐渐发展起来之后，公司有段时期可以说是在人才不足的状况下度过的。因此我只好由外面招聘可以担任干部的人才，那时我记得我先对那些与我一起奋斗打拼的员工，说了以下这段话：

“为了公司的发展，我必须再由外部聘请优秀人才，或许还会变成你的顶头上司，希望你们别说‘我们和你一同创立公司，你当总经理还好，外人我们没办法忍受’这样的话。治理企业的人，气度如果不比现有的大，企业就很难再成长。因此我希望听到‘如果我们以山大王自居，就会停止成长。手头上拿着公司的股票，公司不发展也是烦恼。如果能让公司变得更大、更好，那么一切都可以接受’，然后朝此方向努力。”事实上我偶尔还是会在公司里提到这样的理论。

结果，当时公司内的确有人回应“总经理，只要能让公司变得更好，将这种优秀的人才放在我们上面的职位，我也没有意见”。我认为，只要公司内能培养出这样的气氛，那么在公司扩大的过程中挖掘外部人才，也是可行的方式。

问题是我们必须谨记，真正能支撑公司的，还是那些心地善良的员工。日本的俗语说：“分锅之前先准备好锅盖。”京瓷刚创业时，曾经无法留住让公司非常满意的人才。也因此，为了适应公司的需要，我勉强采用学校刚毕业的人。

那时任用的人的确头脑都非常好，气势也相当凌厉。问题是，将来想要用的干部人选虽然有远见，但是不肯实际地按部就班做事。你硬要他做的话，他就讲出对公司不满的话，然后拂袖而去。

另一方面，有一些看起来不怎么样的人，每天都默默地努力，认真做好基本工作，再加上不断激发创意，就是因为他们的支撑，才有现在的京瓷。结果我发现，能长久支持公司的马拉松型员工，并非头脑好的人，而是具有优良的精神结构的人。

前面提到过的，能够说出“总经理挖掘外来人才也无妨”

的人，其实也是具有气度的人，这样的人也会不惜为公司努力，最后他也会被擢升。最后这样的人的表现也让新进的优秀干部刮目相看，现在也还在带领京瓷的员工。

因为想到从前种种，让回答变得冗长，请你原谅。如果我的解答能提供给你有用的参考，将是我莫大的荣幸。

第四章

让事业可持续发展

【塾生提问之一】

继承伟人父亲的产业之后，该怎么做？

敝公司是创业近100年的家族企业（只由创业者或其家族掌控经营实权的企业，通常为特定事业集团的母公司。——译者注）。大学毕业之后，我曾经在其他公司工作3年，然后进入父亲的公司。目前已经过4年，职位也晋升到公司的执行董事。

我将来势必会继承父亲的经营者职位，因此有必要先做好心理准备，因而向您求教。

总经理，也就是家父，他是第三代经营者，光是地方商社的事业，年营业额就已经增长到100亿日元。他同时也发展新事业，例如成立制造工厂等，年营业额达到500亿日元。我父亲根据他长年的经验与自己的理念，50年来一直活跃在第一线工作岗位上。

问题是，长年以来被公司上下视为神一般存在的父亲，今年已经70岁了，目前也到了他可能要交棒给我的时刻。虽然我身为长子，每个人都盯着我、准备看我接棒，但说实话，我对于自己到底能不能踏着父亲的足迹、发挥领导统驭能力，却并不具有信心。

因为我和父亲住在一起，因此每当有问题时，他就会教给我具体的解决方法，可是他从未正式地教授我“帝王学”的道理（领导统驭之学。——译者注）。

因此我想请教塾长，身为世袭的经营者，父亲又如神明一般伟大，从现在起我应该做好什么样的心理准备？其次，如果我继任总经理，应该用什么态度面对员工和经营干部？请不吝指教。

【塾长回答】

付出不亚于任何人的努力

你称呼自己的父亲是“如神一般的人物”，照理说父亲和自己最亲近，一般人总是对愈亲近的人愈反感，能这样称呼自己的父亲，我认为你也是很伟大的人物。连你都认为你的父亲是神，那么从员工的角度看你的父亲一定更伟大。因此，你会担心如果你继承父亲的事业，公司上下是否会真心实意地继续跟随你，这也是有道理的。

对我而言，这可是很难回答的问题，因为我从来没有这样的经验。如果让我说，领导者是能够让人跟从的人。因此，首先你本人必须做到能够受到别人尊敬的地步才行。所谓的被尊敬，是指员工对于你所下达的指示能做到百分之百的听从。但是现在你的父亲集所有的尊敬于一身，你是很难跟他相比的。

我认为，至少你必须保持谦卑之心，这也是最低限度的不变法则。要让他人尊敬的基础条件就是人格与见识，假设人格与见识都不够完美，年纪与才华也不够成熟，那么唯一能用来填补不足的就只有人品了。所谓的人品也就是你的谦卑心、认真与真诚的态度。

在你继承父亲的职位之后，第一件该做的事就是带着一颗谦卑的心，去引发那些老一辈的经营干部的正义感。你应该自发地发出谦卑的说辞，“或许我实在没有资格担任总经理，但是请大家给我机会去担负起总经理的责任”。

然后提出这样的宣言：“我的工作就是继父亲之后，继续守护家族企业。如果各位愿意为公司而努力，我一定坚守聘雇的关系，并且尽可能给各位更高的酬劳，我自己也会走在前面，率先努力做模范，担任最困难的工作。”本来当头的人就该担当最艰苦的责任，这番话必定能得到共鸣。假如你能成为最辛苦的模范总经理，部下也一定会跟着你。

问题是部下当中有各式各样的人，例如脑子聪明的人、带头的人、年长者，如果你讲了要他们讲义气，为你努力工作，以及将会提拔他们等等的话之后，紧接着却以“不值得信赖”为由，过河拆桥，辞退他们，这样做是不行的。

此时你有必要先给他们某种程度的压力。因为你已经为了全体员工，每天不顾一切地努力工作，如果还有人背叛你，这时候就要把尚方宝剑拿出来用了，那就是“虽然我的成就还赶不上父亲，但是你也知道我已经被任命为总经理。我是总经理，你不遵从我的指示会让我感到困惑，假如你不愿意听我的，那我也可以不要你”，必须有勇气给这种人压力。

诚如以上所言，要别人服从你的指令，有两种方式可用：一是具有人格和见识；还有一种就是用权力。你目前身为业务经理，需要先配备你应有的条件，首先就是要有比别人更努力的工作精神。如果能让员工说：“那个经理不就是全公司里最努力的人吗？”员工自然会主动跟着你，一起打拼。

那么，你应该利用这几年认真学习，在召集员工一起谈话时，一定要能说出感动人心的话才行。《圣经》开宗明义第一章就强调“语言表达的方法”，可见沟通的重要性。要能言善道，唯有靠学习，从今天就得开始努力学习，要学到让员工瞠目结舌地说“这几年他完全地改变了”的程度。

一般的努力成就不了真正的人格与见识。经营者应该“先提高心性，再拓展经营”的理由就在于此。

【塾生提问之二】

女婿经营者如何建立领导力？

敝公司是年营业额约10亿日元的杂货批发商。我大学毕业之后，当了5年的普通员工，15年前结婚，同时入赘到妻子家，并进入现在的公司。3年前我继承岳父也就是现任董事长的职位成为第三代总经理。

就任总经理之后，我非常努力地想改革公司现行的体制，但是因为我本身的问题，也就是无法摆脱现任会长的影响力，不能发挥总经理的领导权力，不得不向您求教。

本公司的经营，目前正陷入与地方零售店之间的苦战，因为受到价格被破坏的影响，公司目前营收和利润同时减少。我为了让公司能够顺利生存，考虑到有必要朝新的领域发展，利用现有的批发技术朝零售业迈进，改革营销方式，以及开拓新商品等。虽然我发出指示，但是15年来从未变换过经营方式的干部，一直不想改变他们的思维，因此组织一直在原地踏步走，无法朝我的改革理想前进。

我们的董事长曾经将公司由一家小小的家庭企业，培育成现在的企业规模，因此对自己充满自负。同时他也是个非常严厉的人，但是他很关照我，也是从小地方开始教我生意技巧的大恩人。虽然董事长曾对我说：“你想怎么做就去做吧！”也将决策权力全部下放给我，但是因为有时候他也会给予口头上的意见，导致所有的高层干部还是都听他的，让我感觉到我的领导权力正在不断萎缩。

虽然是小企业，但当我担任了总经理，就感觉到自己的责任十分重大。但是，另一方面却感觉到董事长、高层干部、员工们好像对我有所保留，对于一直无法进行的改革，我也很焦急，备感压力。

最近我渐渐发现，员工就是自己的镜子，身为总经理的我对自己欠缺自信，员工当然也会受我的影响。

我已经做好挨骂的心理准备，请您指导我——一个对自己没有信心的第三代女婿经营者，现在到底要如何做才好？

【塾长回答】

建立信赖关系

你的问题如此直接，让人觉得好像可以很清楚地体会出你的烦恼。现任董事长、也就是你的岳父，从你的角度来看可以说是个大善人。最早的时候，他教你如何经营，因此也有恩于你，为了让你更容易做事，将总经理的职位让给你，诚实的你会如此认定，也是有道理的。

但是，我认为问题就在这里。你和你所尊敬的岳父之间所呈现的，基本上是你根本抬不起头来和他平起平坐的人际关系。再加上你的部属全部都是他一手带出来的“家丁”，他们工作时不将脸朝向总经理，而是朝向董事长。在此前提下，如果你强行贯彻自己的工作方针，很可能连亲子关系都会出现裂痕，公司内部可能因而陷入更混乱的局面。

你是因为结婚，妻子的娘家又刚好经营企业，因而当上总经理。不是由自己创业而登上总经理的位置，因此你的领导地位本来就比较脆弱，再加上你是那种认真努力型的人，很想自己做好经营，因此让自己的领导才能反显出更多弱点。因为自己欠缺自信，员工看在眼里，虽然也知道如何应对，但却让你的烦恼更加深刻。

因此我认为，你不应该将你的决策告诉你的部属，而是应该告诉你的岳父。首先你必须从肯定你岳父的做法开始，让他好好地了解你的想法，把你的想法变成你岳父的想法，最好是能让他将你的方针传达给员工。建议你不妨朝此方向努力。

“我非常尊敬父亲，我如此不成器，可您依然让我当总经理。因此我一直努力，想让父亲您创立的企业变得更加强大。我想要这样做，您觉得如何？”对方有时可能会想“你是否坚持要这么做”。因此要经常到他的跟前，耐心地向他解释，直到他回答“不错呀！就照你的构想做吧”。此时绝对不可错失良机，得赶快拜托你的岳父：“太好了，这算是父亲的创意了，我想集合干部，能否请您向他们宣布呢？”

然后就让你的岳父对干部宣布，结束时你不妨顺水推舟，再补上一句：“各位同人，就像董事长刚才说的，我将会全力执行董事长提出的方针，让我们大家一起努力吧！”因为老干部向来只听信董事长的意见，如果不凭借你岳父的力量，他们可能不会听从你的指示。如果如同你所说的，完全不和你的岳父商量，让你提到的问题继续下去，你跟员工之间的关系将会变得更差。

日本有一句谚语“老爷杀手”，意思是指那些能用很轻松的态度接近年长者，并就各种话题与老人家侃侃而谈的人。对一般人而言，这有点不可思议，因为毫不顾忌就找人搭讪，最初可能让对方觉得你是个没礼貌的人，但是不知不觉中，对方很可能就接受了你的建议。

由于你是入赘的女婿，因此虽然你们也是亲子关系，这位父亲虽然与你住得很近，但感觉却很远。但是我还是认为，入赘的女婿虽然原本是外人，却比亲生儿子更容易变得亲近。因为跟亲生的儿子谈话时，如果给他不同的意见，常常会出现不高兴的脸色，而女婿反而容易相处。因为我觉得你是个认真的人，才给你这些多余的劝告。然而，认真但态度生硬的你，很容易因为不懂人情世故，而让岳父对你越来越疏远。结果，就因为你对他过于尊敬，反而容易让两人失去亲近的缘分。

你的问题不只会出现在入赘女婿身上，我想这也是继承家业的经营者都得痛苦面对的问题。事实上，只要是亲子档，当儿子的很容易就会说出“老爸的想法已经落伍了”这样的话，然后对立就出现了。如果实力不足的继任者，能够先避免争执，将父亲的智慧借出来用，并且利用父亲的立场，将自己的意见传达给员工，这样一来，你的继承就会变得顺利和成功。在你建构出完美的人际关系之前，态度一定要谦卑。争执只会留下厌恶和憎恨的情绪，应该尽量避免。

京瓷刚创立时，我曾经让帮助我成立公司、有恩于我的大恩人担任总经理职位。后来我对他说："你不会治理公司，还是我来，你辞掉总经理吧！"就这样他把总经理的职位让给了我。即使逼他让位，之后他还是非常尊敬我。因此，到现在我对他还是充满感激。我如果去访问他，他会快步到几乎跌倒地跑到大门口来迎接我，并且招待我。

我想说的是，平常就培养出融洽的关系是非常重要的，如果没有这层关系作为后盾，我也讲不出"请你辞职"这样的话。

【塾生提问之三】

中小企业领导者的世袭制度是对还是错？

敝公司经营的不是新的陶瓷，而是旧的陶瓷，也就是烧窑业。92 年前我的祖父创立公司，经过父亲，我是第三代经营者，目前主要产品为餐具与瓷砖。

我今年已经 61 岁，正在为事业继承人的问题而烦恼。想请教您，中小企业经营权的世袭制度到底是对还是错？

我有一个儿子，今年 25 岁。大学毕业之后，在客户的公司里任职已经 4 年。就我而言，我考虑再过 10 年、15 年后，才能将自己的事业交给儿子经营。

事实上，我本身一直到现在都对传统的家族制、世袭制的经营方式表示反感。后来发现其实连大企业也有世袭制，才开始觉得或许世袭制度也有好处。当我知道塾长早期曾经公开宣称“决不采用世袭制”时，我感到您非常优秀而对您充满敬意。

问题是，我虽然批评别人或对塾长感到敬畏，但是从个人的角度思考时又变得非常懦弱，因为现在我正在想，如果可能的话，我还是希望儿子能继承我的事业。

主要是因为像我们这种小企业，大学毕业生根本不想进来就业。我年轻时因为生病，高中还没读完就中途辍学，于是对历尽辛苦的我而言，有“想让大学毕业的儿子继承事业”的心思，但是这样的心思又与“让从没吃过苦的儿子继承事业以免他吃苦，那对在第一线努力的员工怎么交代”的心理纠结在一起。于是一边头疼一边考虑后继者的问题。

因此，我想请教您两个问题：第一，我想知道塾长对世袭制度的坦率想法和批评；第二，如果您赞成我采用世袭制度，那么我应该如何面对继承人和员工，最低限度我应该做到什么样的安排？

【塾长回答】

保护员工

我想你自己已经很清楚，我根本没有必要再教你任何东西了。你说虽然你向来反对世袭制度，但是现在却想让自己的儿子继承自己的事业，在发言中吐露了这样的心情。人愈是理性，愈容易因为自己无法跳脱骨肉亲情而陷入矛盾。问题是，你已经陷入这样的烦恼了，手里拿着这张免死金牌，我还能判你有罪吗？

顺便要说的是，我过去的确说过“我不采用世袭制”，事实上我也做到了。但是，这并非代表所有盛和塾的塾生都应该和我一样。此外，我记得我也说过“如果大家都学我，只会让我感到困惑”。不用世袭制当然是美事一桩，你也可以认为这样做很伟大，但是如果基于这种理由而认为采行世袭制度抑或继承家族企业的人跟不上时代或落伍，也是令人感到困惑的想法。

你说，世袭制“对员工来说不公平”，我想我可以理解你说这句话的心情。事实上你也好，你儿子也好，本来就出生在一个有事业的家庭，只要你们能用自己的辛苦，让公司在你们的经营下变得更伟大就对了；再者，就人类的角度来看，希望自己的骨肉至亲来继承事业的感情，这也是理所当然的想法呀!

因此，针对你的第一个问题，我对世袭制度没有任何批判性的看法。只要是家庭事业，世袭制度是好的，甚至我认为这才是正确的。对我来说，并非在很早以前，而是到了公司成长到太大，大到对社会已经可以造成影响，我才认为我不能采行世袭制。但是对中小企业或家庭企业而言，我认为采行世袭制度并不奇怪。

你的第二个问题是，身为总经理的你，应该做些什么?

企业应该是永续生存的。因此，继承者用何种心情继承企业，十分重要，“因为是祖父或父亲创的企业，所以仅仅要继承”的想法是不行的，“当总经理比较轻松”的想法也是不对的。

因此，你的儿子既然是今后要永续企业的后继者，就应该灌输给他“守护员工、守护雇用制度是你的义务”。你应该告诉他：“在这个连独立养活自己都有困难的世界里，养活所有员工和他们的家属更非容易之事。如果是普通员工，只要能领到和能力相当的薪水，就可以过着平稳的生活。然而，你却继承了家业，你可能得承受超过你的才能的劳苦工作，因为那是你的命运，是曾祖父、祖父、我和你继承家业的命运。”我认为最重要的是让他觉悟到继承家业是个非常严肃的任务。

应该告诫他“对员工而言，你的能力仍是未知数，因此一定要保持谦卑和真诚的态度”。然后让儿子在尚未释怀的干部跟前，向员工表白“我继承家业，能力可能还不足，因此恳求各位的协助。能力不足部分，我会用更加努力地工作来弥补”，以诚心来启发员工的正义感。

这样说可能有点勉强，中小企业如果是世袭经营，半数以上是由家族拥有全部的公司股份。这样一来，负责守护家产的也就是继承家产的儿子，因此，不需要对你的儿子说“即使没有了家产也要守护员工”这样冠冕堂皇的话，可以用“你要守护由祖父创造的财产”这句话来提醒你的儿子，让他知道从事经营须更加慎重才行。

但是也不能太过拘泥，否则好像在强调公司的一切都是你的财产，一点都不能让员工分享一样。这样，本来是和你站在同一条线的员工，可能慢慢变成敌人，因此问题也就来了。

事实上我们如果将财产看成被保护的东西，往往就保护不了。也就是说，如果不是与员工同心协力让公司继续发展，那么也无法保护财产。事实上保护财产与保护员工意义是相同的。

因此就家庭事业而言，要守护自父亲传给你的财产，就要同时守护他留给你的员工，如果继承家业的是一个领薪水的总经理，那么就不太可能替你守住你家的财产。也因此，有时候为了守住员工的雇佣制度，不得不分割公司的财产，并卖掉它。

这种想法或许只能说是歪理，我认为如果能同时兼顾到守住公司财产与重视公司员工两件事，并让公司顺利发展，大概也只有世袭制才做得到吧！

既然你已经决定让儿子继承经营，就只能快速改变自己的想法，认定让儿子继承你的职位是最稳当的做法。

【塾生提问之四】

如何建立第二代领导者与老臣间的关系？

我经营建设公司，创业至今31年。我是继承父业的第二代总经理，自己也创立了一家专营住宅建设的子公司。

自从我进入盛和塾之后，就决定要如实执行塾长的教诲。例如我总是和员工促膝长谈从塾长这里学到的东西，和他们对话，也顺便将我所学和我的想法拿来启蒙员工，结果也很好。拜您所赐，公司现在已经渐渐呈现沟通优良的良好环境。唯一让人伤心的是，还是有一部分人没有回应。这也是一般人口中的“前朝老臣”的问题。现在的状况是，年轻员工越来越开心了，但是年轻人愈开心，老干部的心就闭得愈紧。

诚如您所知的，我们这个产业无论是官方或民间的订单量都一直在减少，如果只是坐着不动，形同等死。我的工作方针是加入新的创意，然后做成企划案交给客户，从事提案型的营业方式。我敢这样做是因为我所创办的子公司已经成功。12年前我和一群非专业的员工创立的子公司，去年的利润率已经超过10%，达到高收益境界，预料今年还会增长。相对地，母公司的获利已经逐渐迫近到最低限度，而且每年收益率都在下降。

老干部们将心关起来，主要是因为子公司的提案型销售方法的某些地方是年纪大的人学不会的，所以他们很难发挥力量。年轻的社员不断努力从事变革，改革意识。但是以业务董事为首的少数老干部，因为年老力衰，无论如何也学不来，因此业绩总是无法达到可以在业界生存的底线。

虽然还是有几个干部愿意从事意识改革，他们的思考方式和热诚都值得赞许，但是，心态向前，脚和身体却依然不动。加上无法快速理解新知识，也无法萌生创意等，这些人至今仍无法做好我所期待的有效率的提案型营销。

当然我也意识到，最大的问题还是因为我欠缺领导能力。我一直希望他们能各自在专业领域内发挥能力，因此我格外努力，但是无论我如何激励，他们都已经到了无法再往前进步的极限。

我在担任总经理之前，曾经担任总公司的副总经理。那时老干部也有人对我持反感的心态，因为有段时间我几乎都投注在子公司的业务上。但是到了3年前，当我继任总经理之后，只有周末在子公司上班，九成以上的时间都在母公司，我总是走在员工前面，非常努力地工作。

董事长父亲总是对我说“他们是长期以来协助我的人，要重视他们，别对他们太严苛”，但是考虑到将来，我知道这班人才要适应未来的艰苦环境是非常困难的。

我的方向是，首先让几位高层老干部先辞职；至于那些有心无力的高层干部，将解除经营干部职务，让他们退下来担任总公司的顾问。等老干部离开之后，再拔擢年轻干部起来接手，对负责重要工作者，也应该给予相应的待遇。从公司的财务状况来看，让不能做事的老干部坐领高薪，也非长久之计。

因此我想请教，一是我应该如何应对让我不想留任的干部辞职？二是对那些被降职的干部，如何让他们接受待遇缩水的事实？以上是我的两个问题。特别是第二个问题，将来轮到我交棒时，这也会是个大问题。请详细为我解说，如何才能导入能让主要干部受到更好待遇的实力主义，以及如何让组织永葆活力？

我想如果塾长能给予指导，我的公司一定能大展鸿图，请不吝指教！

【塾长回答】

自始至终遵从道理

你的问题很难解答。年纪轻轻就继承父亲的产业，诚心诚意努力想说服年长的老干部，拼命解说，想让他们了解你。但是因为他们不再年轻，头脑无法接受柔软的思维，因此也无法做到你期待中的工作目标，反而让你无法伸展手脚。但是他们都是随你父亲创立今天这家公司的人，如果随随便便应付他们，会让人感到痛心。但是如果放任这个问题，长久下去，也将无法超越业界，往前挺进。

站在干部的角度看，他们从你小时候就看着你成长，眼中长不大的小孩突然大学毕业了，很快又得改口称你为总经理，这样的情况很难让他们一下子就完全听你的话。身边拥有这一群内心抱着不满的老干部，尽管你想“辞掉他们，让年轻人起来取代”，但是你自己也觉得，没有办法漠视他们对公司的功劳。我认为，这也是所有继任总经理的人共同的烦恼和问题。

我在盛和塾的时候，从以前就对第二代、第三代经营者特别严格，要求他们在继承经营权时，一定要用“虽然能力不足，但是照顾你们既然是我的命运，我想要求各位让我担任起总经理这个职务”，激发员工的慈悲和正义感。我告诫他们，不可因为自己是家中的长子，就摆出一副理所当然的架势。接着，为了让老臣们信任从未吃过苦的新主，我给后继者的建言是“走在前面当榜样，工作一定要比任何人都更认真、更努力才行”，并且教导他们“即使是小小的成绩，也是需要一点一滴地累积下来，即使有实力了还是要保持谦虚”，培养实力的同时，也得到尊敬。我总是教大家“不只是在专业领域努力，人格的磨炼也不可或缺。请在盛和塾里提高心性、不断学习，成为能让员工倾心的有魅力的领导者”。

我相信你一定是很忠实地实践了我的话，所以才能让年轻员工都靠拢到你的周围，也因为你做得太好了，所以身边老干部带给你的烦恼也更加深刻。

你该做的都做了，假如我是你，面对这群老臣，我不会向他们诉说我的哲学或对他们做精神训话，而是先从“煽起危机意识”这一点切入，然后再把重点转移到对利益的感觉上。“现在营业额当中只有1%～2%的获利，根本无法称为利益。如果再这样经营下去，公司恐怕很难存活。我父亲的时代，日本经济处于成长期，建筑业位居经济景气的正中央。问题是现在已经不是成长期了，可以说经济发展正处在减缓的时代，这样的低收益公司实在无法让人忍受。请看看子公司，即使是由非专业的人负责，至今仍然表现很好，何况你们是经验丰富的好干部，如果聚集起来，加上你们的创意，很容易就可以创造利润。”这一番话，掷地有声。

这样一来，那些说什么也不肯打开心扉、坚持反对你的人，也一定会提出“我不想再做了，请让我辞职”的要求。即使被你父亲训斥“你不可以这样做”，但只要你有信心填补那些人离开后的漏洞，为了让组织工作得更有效率，你是应该这样做的。这不是你无情，是因为对方的心太冷漠了，你不得不如此回应。

另一方面，也一定有能够理解的干部会说“总经理说得对，但是我无法做到这样”，只是，他们的理解还是停留在自己做不到的程度。这样的话不妨再等一段时间，等到他们说出“我还是做不到年轻总经理的要求”，此时改变思维的时机出现了，你就可以说“很抱歉，我希望你将路让给后辈去走，我想你要做到我所说的实在太辛苦了，因此请你让位，改任公司的顾问”。这个人因为已经不实际参与工作，因此可以将薪水减为过去的七成或八成，但是应该晓以“虽然你的薪水降低了一些，但是公司还是很重视你，未来请好好地指导后进的员工”这样的大义，逐步引导他从职位上转型。

这点非常难，因为即使创业者也不用受这种苦，但是也只能拿出勇气去做。能让你成功的，事实上就只有“讲出道理”而已。就像你父亲说的，当感情被破坏了，公司的存在就会开始出现危机，在工作上员工就无意跟从经营者的脚步。因此有必要用道理来说服员工，这也是继承家业者应尽的义务。

最后，我想就日本特有的年资逐年上升等制度是否应该去除，导入能激发工作进取心的实力主义（能力主义）这一点，表达我的意见。

我曾经说过：“中小企业必须对员工解说无法再依年资调升工资的时代已经来临。”到了 40 岁、50 岁时，体力已经衰退，但是依据年资逐年上升等制度，薪水反而升高。假如公司内新员工各居一半那还好，但是像你这样年轻的公司，既无人退休，员工辞职的情况也很少，除非一直保持增长，否则很难维持下去。

我认为合理的薪水制度应该是，40 岁、50 岁以上的人薪资增长率就开始降低，超过 50 岁薪水应该由持平到滑落一点点，这种薪资制度是有必要的。

仔细观察就可以看出，金融机构是最严苛的。由 40 岁左右开始，薪水上升的曲线就停在顶端了；到了 50 岁，就被排除在重要职务之外，所有的津贴全部停发，薪水也突然减少。老干部们被减薪又被除去干部职务之余，如果有分公司或关系企业对他们招手，哪怕是分店长的职务，其中就会有人想要离开总公司到外面就职。

这个问题并非只发生在你的公司，上述的薪水体制未来可能会越来越普及，这样的概率很高。也因此，我觉得值得把它当作改革的良机。

【塾生提问之五】

分店经营的意义何在？

我经营的是眼镜架制造公司。我的父亲于 1928 年创业，我是第二代经营者。目前，整个集团的年营业额约 145 亿日元。

我接任总经理已经 20 年，利用父亲留给我的信用做基础，无论出口或国内市场都在增长，业务内容也在不断扩增。在此情况下，我开始提出多元化经营的构想，并且开始放手成立分公司，结果却导致严重的人才外流，反而让总公司的组织恶化了。我留意到这一点，但一想到未来该如何做就觉得好累，因此向您求教。

诚如您所知晓的，我们做的是眼镜，材料、设计、功能是它的生命。问题是在中小企业里面，很难用到具有专门才华的人才，因此我将各个部门里具有才华的人升格为特别领域的负责人。我由衷地想让他们能够充分表现，因此让材料部、设计部独立，变成分公司。此外也展开品牌战略，因而成立了几家分公司。最后我要将总公司总经理的权力交出去，希望能因此让组织充满活力。

问题是，最近那些升格为分公司的部门开始出现异常。我让各公司的总经理可以自由展现创意，也让被授权的员工可以越级提出创意，目的是要让组织充满活力。但是，我期待能有表现的总经理和员工却各自持有定见，不愿配合我的思维去行动。我想有所整顿，却惹来权重人才出走的结果，目前几乎是处于无计可施的窘境当中。

就我的立场来看，我认为是自己能力不足才造成这样的结果。当初我是想借由成立分公司，将权力下放给可以经营的员工，激发他们的工作热忱，没想到适得其反，使总公司的组织加速变弱，我正在为此反省，希望得到塾长的建议和忠告。

【塾长回答】

走多元化路线

虽然你很谦虚地检讨自己，但我理解，你一定是经历了艰苦和不断尝试错误之后，才判断出应该利用发展分公司的方法来进行多元化经营吧！

但是，就因为你只是借用多元化的名义，所以才削弱了总公司的力量，不是吗？问题就在这里。如果到目前为止，整体事业不断扩大和发展，各个事业部门也都没有赤字经营的问题，那么多元化经营本身也不会出现问题。我认为你的烦恼主要在于，变成分公司的总公司各部门并未如你所愿，变得更有活力。果真如此的话，那么问题就不在多元化，而是出在发展分公司的手段上。

事实上，多元化经营是指同一家企业内的事业部，企图朝多元化发展。这样做并没有问题，但是不知道为什么，很多中小企业的经营者想朝多元化发展，却采用成立分公司的手法。要知道，成立很多家分公司，就算营业额合计有十几亿日元，但是人才分散，当然公司组织也跟着变弱。尤其是如你所言，已经人力不足，公司的人才又不断出走，当然组织就变弱了。因为功能不同就分别成立不同的分公司，这绝非正确做法。

因此，我认为就你而言，尽量让公司各事业部从事多元化经营，这样的意图很好，然后你应当努力“在事业部里培养能够让员工充满活力的工作风气”才对。

以前也有一位经营者和你一样，分公司一家接着一家开，他将经营权下放、论功行赏、让员工担任总经理，实施这种经营状况。我认为成立分公司，让员工升任总经理、业务经理，用此方法如果无法有效地激励员工，可能会让公司的管理，如人事管理陷入更麻烦的局面。因此我建议他“将 5 家公司合并成一个，采取事业部制的方式营运”。

结果他将分公司又结合起来加入总公司，最后将公司营运推展到股票上市的佳境。我想这是“借多元化名义，广设分公司，导致公司组织变弱”的最佳实例。例如，即使是事业部门经理，也要做到能够让底下员工开心地为经营者工作，否则也不能算是成功的多元化经营。

如果实施多元化经营已经 3 年，公司获利仍是赤字，表示所执行的多元化策略有问题，必须趁早解决问题才行。所成立的分公司如果都呈现赤字经营，这是非常危险的经营状况。就中小企业的立场而言，成立新事业到出现盈余，一般得花费

3年，如果3年之后仍无法出现盈余，就有必要果断做出类似结束公司的决定。

我是个一旦开创事业、就不轻易喊停的男人。至今为止，我经手的事业，也都全部在我锲而不舍的努力下，走向成功。但是我也发现一个有趣的问题：那些发展得很好的事业，都是一开始就很顺利。相反的，开始创业就出现困难的，中途一定也是困难重重，虽然我不断努力克服困难，终至转为盈余，但接着问题又来了，营业额始终停滞不前，几乎未见成长。这项观察带给我一个启示：实力不足的中小企业，朝多元化发展，如果3年还无法让新事业生存就只能放弃。因此，实行不易撤退的多元化策略，并非好的经营方式。

以前我就一再强调，多元化经营本身就潜伏着很大的危险。但是中小企业如果要晋升为大中型企业，又不能不通过多元化这个爬坡道，能不能突破困难，让事业继续发展，就要看企业家能否拿出真本事了。

问题是，这对经营者而言实在是一大困难。只经营一个公司就很困难了，何况同时经营两家或三家以上的公司，难度更是以几何级数增加。一个人实在忙不过来，因此很自然想要朝成立分公司的方向前进。问题是，如果被任命为分公司总经理的人从此安居其位，就无法达成你想要让公司整体业绩增长的愿望。

所以除非作为经营者的你自己能解决这个问题，否则你的多元化策略便无法成功。只要踏出多元化的脚步，就意味着你再也没游玩的闲暇了。换句话说，你需要“付出不亚于任何人的努力”。

除了努力，你也需要“超级优异的集中力”。如果你的竞争对手以 100% 的力量集中在一个事业上，你却得将精力分成两份、三份，当然不可能打败对方；如果将全部精力分为两等份或三等份，每个事业只能用 33% 到一半的精力，用这样的精力对抗 100% 精力的对手，如果没有超人的集中力，是没有机会获胜的。

你的工作量一定要增为现在的 3～4 倍。所谓的多元化就是这么回事而已。好处是，如果能登上多元化的爬坡道，就有可能从中小型零碎企业，蜕变、转型为大中型企业。

第五章

挑战新事业并使其成功

盛和塾25周年記念　第16回全
心を高める　経営を伸
1. 誰にも負けない努
2. 謙虚にして驕らず
3. 反省ある毎日を送
4. 生きていることに
5. 善行、利他行を積
6. 感性的な悩みを

【塾生提问之一】

外在环境变坏时，如何应对？

我经营健身俱乐部。我本人喜爱游泳，一直梦想拥有自己的游泳池。1978年我创立现在的公司，也实现了梦想。我经营的是游泳学校，虽然从无到有中间历尽艰难，但很幸运的是，6年之间，我总共在3个地点设立营业网点。

5年前我的合伙人也是前任总经理突然去世，我继任他的职位成为第二代总经理。但是从那时开始，经营环境发生了很大的变化，我们的运营受到很大的压力。我想请教您，如何应对外在环境的负面冲击和变化？

外在环境的变化主要是指：一是大型竞争者出现；二是学生减少；三是经济景气长期低迷。特别是在我营业的地点，出现其他店铺，竞争非常激烈，为了争夺学生，降价竞争，导致我利用自己独特的收益管理方式，所创造的收益效果，如我传给您的资料一样，目前已经趋近获利的底线。

我当时认为，若要突破窘境，首先应该做的就是提升指导和无误的水准，那也是工作的本分。因此我重复执行：一是提升员工素质；二是充实教练指导课程；三是更新部分设备。但是这些改革并未带来我期待的结果。我们这个行业传言，这个生意的成功因素只有一设备、二地点。公司目前的情况是，主要设备老旧，已经无法和拥有最新设备的大企业相比。

事实上，今年春天我们举办宣传活动，实施会员入会费的降价优惠，结果招来比预料中还多的客人。用这样简单的营销方式反而成功，这一来让我更加失去自信，也不敢再积极投资。就以上的状况，请您指导我，如何应对外在环境中的负面因素，以维系公司的发展。

【塾长回答】

以坚实的收益管理为基础，向新事业进发

首先我觉得你做了非常好的事，就是采用独自的收益管理方式，我认为这是非常棒的收益管理。有点像京瓷还是个小公司时，我辛苦创立的阿米巴经营，是一种利用小集团或部门独立会计方式，以便仔细监督公司经营的手法。

从公司业绩的走向，就可以看出优秀的企业管理。例如，5年前的营业额约6亿日元，其中获利约一成，即6000万日元。第二年营业额增加到6.3亿日元，经费没有增加，营业额增加部分就等于是利润增加。总之，我看得出三个营业单位的经费已经依照项目，分别掌握到最完美的地步。后来反而相反，因为营业额减少，所以经费掌控更为严谨，但是营业额减少部分反而直接变成利益减少的部分。

让我从结论开始说吧！我认为，你只要活用目前正在执行的策略就可以解决问题。因为你现在所采用的方法已经是很高明的手法了，你应该试着在不降低服务品质的情况下，设法

降低你的运营成本。如果你能从这个角度思考，或许就可以在营业额下降的情况下，仍然确保收益，并维持正常的经营。

我不知道没有竞争的时代的情况，但是现在处于日本泡沫经济崩溃的时代，很多大企业拥有多余的土地，于是用来开设健身俱乐部，使业界的竞争更趋激烈。问题是即使你投资更多的设备来与对手竞争，就地方上的人口密度而言，也没什么益处。虽然某些主要设备已经老旧，但是眼前最重要的对策还是只有控制经费支出。

但是有件事我想提醒你，虽然这样说可能有点过分。你说你自己喜欢游泳，所以把经营游泳池当成事业。问题在于“你打算一心游泳就好了呢，还是想当企业家”。我认为你适合担任后者。

因为你可以由零开始，创造出 6 亿日元的年营业额和一成的获利。事实显示，你具有很高的经营才能。但是你的生意在地方上，也就是你所在的地方已经达到极限，我想就算到其他地方情况应该也差不多。说穿了，这样的事业，其市场大概也只有眼前这样了。要做的话只能由原来的业种切割出来，活用既有的经营技巧，朝新事业出发。由于要找到好的生意并不容易，因此一定要认真研究，仔细寻找能引发自己的工作热情、看起来可以成功的事业，再踏出脚步才行。

再者，一定要能够根据眼前事业的稳固基础，找到后继者来为你守住事业。绝不可以因为有敌人出现，就匆匆忙忙施行新的设备投资对策。

这个机会对你而言，希望能够让你意识到“中小企业若要成长为大中型企业，除了朝多元化前进，别无他法”。我经营京瓷就是这样走过来的。我了解，如果停留在制造最初的电子用陶瓷，订单一断，我的事业也就完了。我牢记这一点，于是开始一连串地展开新事业的投资，最终形成今天这个拥有多重产品的京瓷公司。如果我当初将京瓷界定为陶瓷业者，我可能至今都还是一家零星小企业吧！

最后你提到降低入会费招来很多客人，此事让你感到困惑。我想你会有这种想法，可能是因为你只考虑到用服务的品质决胜负，价格贵或便宜并非自己关注的重点吧！问题是，我认为你这样想是不对的。这种事业本来不应该靠入会费决胜负，但是降低入会费能招来客人也是好事，那代表客人认为对于你的设备而言，你的定价相对便宜，这是可喜可贺的事呀！这是个需要口碑的生意，因此即使入会费降低，也能让入会的人保持高素质，这也是个好方法，不需要因此担心。请你重新思考这个问题。

改进时当然也会有风险，不过请拿出企业家的勇气，勇敢向问题挑战吧！我认为你深具经营才能，一定能成功的。

【塾生提问之二】

投入新市场的条件是？

我在居住的县内经营汽车玻璃的修理与销售，最近因为休旅（RV）车流行贴有色窗纸，因此又同时销售这项产品。公司创业 16 年，目前拥有 4 家店铺，年营业额约 5 亿日元。

我从事的行业可以说是原本就独占市场的玻璃业界中最受限制的业种。目前我们坚守关系企业独占的经营方式，因此无风无浪，安然度到今天。我对会计很外行，幸好可以交给妻子处理。老天庇佑，目前除了最新开张的一家店铺之外，另外三家的税前盈余都能确保 10% 以上。制造商和税务人员都感到惊讶——“没看过像你们这样能成长的公司”，对此我真的很感激。

因为我的目标在于无论如何，都要在 2000 年使营业额达到 10 亿日元。假使只在自己的县内营业，规模终有一定的极限，因此一定要进军其他县市。问题是眼前存在着价格被破坏、竞争激烈的环境。因此我想问您，如果我想朝其他地方发展，到底应该如何应对环境的变化？

有关环境变化，请容我进一步说明。我从事的行业在需要量增加的背景带动下，一直顺利发展至今。眼前遇到的第一个变化是价格不断降低，导致以往总是换新玻璃的客户，开始要求用二手玻璃。此外专门收购旧车加以解体的中古车商也利用二手玻璃加入市场。这些回收业者的加入，也让竞争的激烈程度加速进行。第二个变化是美国的玻璃修护液“Repair”与修补技术进入市场，导致价格较高的挡风玻璃销路受阻，因为修补的人多，更新的客户减少。

如果要往其他地区发展，对具有紧密上下游关系的产业特色的我们而言，最大的问题是与那些背后有大资本支撑的当地企业的竞争将变得激烈，而恶性竞争将会使成本效益更加恶化。

请就本公司目前的情况，给予指教。

【塾长回答】

利润由采购开始

你为了让营业额增加，想前往外县市发展。但是在低价竞争的市场环境下，以及一旦往外发展，难免与当地大企业面对面竞争。届时竞争势必过于激烈，您一想到这些总是很担心，因此迟迟不能做决定。

首先，你似乎对降低价格一事感到疑惑。事实上商品价格不断降低是理所当然的现象。这并非只发生在你的业种，因为有关价格控制的限制趋于缓和，几乎所有行业都陷入价格被破坏的局面，因此只要是生意人，都需要面对这个问题。

我认为，如果你到现在还能维持10%的利润率，就不需要太害怕价格下降的问题。或许正好可以搭上低价格的浪头朝前推进。做法是亲自拜访全日本所有的渠道，将品质最好的东西以更便宜的价格彻底铺出去销售。

还有，你必须快速地到各地的旧车处理工厂考察一圈。我相信日本有很多这种工厂。要完全掌握在哪些地方可以买到很多便宜的二手货，可以买到哪些种类的二手货，其中也包括进口的商品。你必须将上述重点调查得一清二楚，然后研究出对手根本无法追踪的采购技术。

任何事也都有以下的共通点——“利润由采购开始”。如果想由营销获得利润，就必须由采购计划开始下功夫。因此自古以来，大阪商业中心的主要商家，都是由店主自己负责进货。换句话说，卖货交给店长，进货由老板自己来。如果进价过高，再怎么会卖也赚不了多少利润，采购价格当然是越来越低才行。

我想这样的理论，在你往其他地方发展时一样有用。实力较强的地方大企业的确可以先选到好地点开店，然后大量进货以压低价格，对中小企业的你而言，的确是一大威胁。问题是一时的低价倾销很难持久，等到利益出现赤字就得喊停。因此我说胜负的关键不在售价或倾销，而是在你能获得多少利润。

因此，你不需要用正规厂家的新产品打头阵，可以用二手的玻璃加上便宜的加工费作为武器。为了达到获利目标，你应该亲自去寻找更便宜、可以得到更多利润的供应商。我想这就是你往外县市发展时，能够利用的首要工具了。

但是我也留意到你有一个问题，你说有一家店仍处于赤字经营，又说你本人不懂会计。我想无论何时都可以让你的妻子和税务人员教你。“不懂会计”是不行的，你一定要下功夫学好会计这门功课。

你既然想往外县市发展，就表示要朝多店铺经营迈进。因此每一家店都必须做到财务独立，也就是说每一家店铺都有独立的损益计算系统。如果不能趁早建立系统并纳入管理，即使投入市场获得成功，公司整体也无法维持高收益的发展。这是你要做好经营所需的第二项重要工具。

最后一项工具是人才的培养。如果你朝多店铺经营发展，无论就经营或人力的角度衡量，都需要大量能够委以经营重任的人才。因为你无法一个人到处走动，因此需要教育、培养能完成你所交代任务的人才。开始人才培养之后，就需要建立人才考核系统。无论多么值得信赖，只要是人都有弱点，一定要定期考核，确认哪些人是值得信任的，然后才开始信任和重用他。因此，在培养人才的同时，就需要开始做人事管理了。

第一是用采购来应对低价竞争；第二是为每家店铺架构独立的财务系统；第三是人才培养与人才管理。如果以上工具配备齐全，就不必害怕到外县市发展时会遇到的困难了。

最后还有一件事，你说税务人员和你的客户称赞你“经营出这么优异的企业”时，一方面觉得“备受鼓舞”，一方面也谦虚反省自己。我认为，你如果更自信些会更好。并非所有的汽车玻璃修理商都可以创造 10% 的盈余，因此我不觉得你只是因为赶上时代潮流所以成功。希望你拿出勇气，继续向未来挑战。

【塾生提问之三】

向海外市场进军的成功秘诀是什么？

敝公司是蒟蒻（魔芋）制品的制造商，目前拥有21名员工，年营业额约6亿日元；我是第二代，目前担任业务经理并实际负责经营。

我想请教您，像我们这种零星小企业，如果要投入海外市场，应该留意哪些要素才能成功？

目前因为以熟食为主的家庭料理需求减少，蒟蒻业的市场以每年5%的程度逐年缩小；另一方面，原材料价格不断上涨。问题是即使原料价格上涨，成品的价格还是受到破坏，大型超市的进货价格数年来平均下跌了三成，由整个业界分食的市场大饼也缩小了。过度竞争的结果是，价格从未提升，几年来不少业者纷纷宣告倒闭。

在此环境下，本公司拟定了向中国市场进军的计划。进入中国的理由：第一，可以制造出品质更好的商品。因为中国的云南省有品质非常高、在日本几乎找不到的材料。第二，可以节省材料费和制作经费。即使加上进口关税，进口成品到日本来销售，成本仍可以比原来价格减少 30%。第三，可确保材料的稳定供应。因为当地已经可以做好由栽种到采收一条龙的作业管理，价格平稳，材料的供应也很稳定。第四，可以进入中国市场。事实上蒟蒻在中国可以做成素食、汉方药材，运用范围比日本还广。我认为三年之后就可以以上海、香港为目标，将 2/3 的制品销售到中国市场。

针对进入中国市场，我已拟定具体的计划。日本四家企业将联合起来，计划投资 1.5 亿日元，本公司预定出资 4000 万日元。人事布局上，由本公司人员出任总经理与技术部经理，然后在当地招募 100 名员工。

至于资金回收，由于当地并无竞争对手，所有出资企业各自拥有自己的销售渠道，只要能做出优良的产品，预计 3 ~ 4 年，就可以回收所投资的资金。目前我们已经通过合作来栽培作物，当地已经生产出品质很好的蒟蒻原料。

问题是，这项投资对身为中小企业的我们而言，是笔很大的金额。万一失败了，公司的资产可能归零，我必须有这样的觉悟才行。此外，我已经准备接受总经理的职务，万一真的赴任，可能有好几年在海外工作。我担心自己离开后，公司的人力可能流于薄弱。

以上是我的情况，在此请教塾长三个问题：

第一，中小企业如果要进军海外市场，判断的重点应该放在哪里？

第二，用于海外的人才应该如何选定？特别是像本公司这种中小企业，人力本来就非常薄弱，应如何选定外派的人才？就长期驻外这点来看，具备什么特质的人才适合？还有，如果我自己到海外任职，应该注意哪些问题呢？

第三，包括在当地的教育，请指导我如何做好人事管理？

最后想谈的是我的理想和梦想。塾长可否记得？日本古时候的蒟蒻，口味多么丰富！古代的日本，冬季储藏，春天播种，三年一轮采收农作物。煮熟的材料用手做成制品然后销售。最近因为市场过于追求低价格，已经不再严格要求味道和品质，一堆粗劣的制品流入市场。我担心这种不负责任的商品制作方式，将会让消费者越来越远离蒟蒻制品。

例如，日本目前只能种出 5 种蒟蒻，中国的云南则可以栽培出各式各样的蒟蒻材料。我的理想就是活用这些材料，用古时候的手工制作方式，制做出美味的蒟蒻产品，以便宜的价格销售。如果成功了，不但可以修正日本人的消费习惯，也可以让中国人吃到物美价廉的美食。在此请您慷慨传授进入海外市场的秘诀。

【塾长回答】

一把手打头阵

十几年前因为日元升值，在此前提下很多企业都向海外市场进军；但是，那些前往韩国、中国台湾地区投资设厂的企业，最后还是撤回日本，这是我所看到的事实。你想在中国大陆这块未知的市场，根据计算机上的合理数字，就打算去投资，我想我是可以理解你的心情的。

首先是你的第一个问题：如果要进军海外市场，判断的重点应该放在哪里？诚如你所知道的，我也曾经进入中国大陆市场，在中国也拥有生产据点。问题是你所问的这个问题，也是至今一直让我烦恼的问题。

我认为在海外生产的判断重点，应该依据不同业种而有所不同。用具体的话来形容就是“有没有最高的技术力”这个因素。如果你的业种是，只要转移一点技术出去，谁都可以学得会的行业，那很快就会面临人事费用增加的问题。再说中国大陆市场的人工费用已经不断上升，光是这点，未来就够辛苦了。但是，如果你的工作具有高难度的技巧，别人无法轻易模仿，那么你就可以享受到便宜劳动力带来的效益。这也是进入海外市场的第一道门槛。

你的第二个问题是，如何甄选派送到海外的人才。你也注意到了，这是个很重要的问题。“成事在人”，日本也好，海外也好，优秀的人才去不去，就可以决定事业的成败。问题是能够做领导的人选，每个公司也都只有一个或两个而已。

实际上总经理和第二强的人手不应该出去，最好是由第三强的人才领军出征比较妥当。重点是，三号人选是否能自动自发地说“为了公司，让我去吧”，这才是派遣人才到海外时最重要的一点。

很多企业到海外发展遭遇失败，多数是因为“公司的领导者不想去，派年轻人去，因此失败”。的确，上层领导者多半不愿意去发展中国家，因为那里的生活水平与日本有差距。因此请你改变思维，要认识到“能否派有实力的人去工作”才是进军海外成功的重点所在。除非商品制作得好、卖得好、人才管得好，人品也端正，需要选出以上都做得到的领导者，否则很难成功。

如果三号领导者愿意走马上任，还需要一位重要的人物，那就是一位懂得当地语言与熟悉当地事务的副手。

一般而言，通晓当地事务、语言能力强与工作能力强是两回事，有人让这种人担任工厂厂长，这是一大失败。因为语言与通晓事务能力和管理人员的能力是不同的。这方面的人才最好是用来担任辅佐的副手或秘书，但是领导者不论语言通或不通，主要是选择具有工作能力和人格品质都好的人。

因此，“是否有可能派具有实力的人到海外”“是否找得到懂得当地语言、能够辅佐前往海外就任的总经理的副手人才”“有没有不输给任何人的技术力”，这些都是前往海外投资的第二个判断重点。

以上可以算是一般的论点，事实上我并未这样做。我的作战方式是，如果我是一号，我会让二号、三号留守在总部，我自己到海外去打头阵。有点像你现在提出来的想法，只有一点点不同，就是号召员工的做法。到目前为止，你应该是集结公司里不受重视的“窗边族”（工作能力差、不受重视的员工。——译者注）一起去吧？我称这种方法为“退可守战法”（万一失败还可以回家吃老米饭的战法。——译者注）。

因为采用这种战法时，总部几乎完全不动，如果成功的话，还可以培育出更多人才，这是难能可贵的地方。但是，我不太劝人利用这种方法，因为大家要一起受苦。以这种方式找来的人才并不够优秀，开始的时候，难免要经历一番苦战。

因此，应该是一号经营者领军，带着原本胆怯的员工，以十分恐怖的样子，冲锋陷阵才行。因为那些持着“退可守”

想法的员工其实是可以在这个修炼场中学习作战方法的，可以达到迅速成长的效果，然后如果成功拿下市场，也就长大成人，变成优秀的经营者。在不景气时，也可以创立屹立不倒的企业，成为一个可以管理公司的人才。

这么做虽然很辛苦，但是我在海外一直采行这种战略。现在如果我不经意地提到这些经历，那些海外据点的领导者总是会驳斥我说："已经过了 10 年，难道还认为我们是随时想逃跑的人吗？开始我总不发言，认为你是在勉励我，直到现在，我已成为一城一国之主，还被称为想逃跑的人，这实在令人无法忍受。"

就你而言，似乎公司目前的环境也不算很轻松，你自己出征固然好，但是当你离开总公司太远的话，可能引来"大老板全部力量都用在海外，总公司不就一团乱麻了"的批评。不知道后果会是如何？但是为了让总公司可以成为你随时能够回来避难的地方，最好让可以维持公司收益能力、提升公司业绩的二号或三号领导者留守总公司，然后你再出门比较妥当。

最后谈到人才的管理。这也是非常困难的问题，也找不到很好的方法。我想最好是确保当地出身、能切实做好管理的经理人才吧！因为只有靠当地的人，才能做好人事管理和培养人才的工作，因此一定要采用品德好的人。京瓷在石龙镇（位于广东省东莞市）设立摄影机工厂，拥有 3000 名员工，工厂导入与日本一样的阿米巴管理，唯有人事管理是由优秀的当地人才负责。因此，在当地能否找到非常优秀的人才，事关海外投资的成功，是非常重要的因素。

我最后还有一点补充，那种持着“退可守”想法、随时想逃跑的人只会给人带来烦恼。

【塾生提问之四】

该用什么尺度、标准，判断进入市场或从市场撤退？

本公司为中型服装制造商，主要生产、销售女士流行服装用的衣料。我于 20 年前进入公司，10 年前担任第三代总经理至今。

我以各种不同的方式成立多项新的事业，问题是并非每一项事业都成功。因此我就如果投资新事业失败，撤退时应留意的要点，以及到底如何展开新的事业这两个重点，向您求教。

我经手的新事业中，以新品牌名义成立子公司的情况居多，也有新公司是经营与本行无关的业务的。但是在日本的泡沫经济烟消云散的大环境中，那些公司架构本来就纤弱的子公司，很难往前迈进，如果撤退又将造成不小的损失。可以说已经处于进退两难的局面了。

塾长以前教过我们“所谓新事业这种东西，是一种需要彻底黏力，黏了再拔的东西。如果到成功为止，不断施出黏了再拔的功夫，事实上是不可能百分之百失败的”。还说“一定要宣告失败和撤退，也必须是在现场已经弹尽援绝的时候”。

问题是，我的总公司基础较弱，很可能因为时间拖延而丧命。因此，我的感觉是要趁早下决心才是对的。

此外，像我们这种发展已经饱和的产业，如果要提高公司的收益，扩大事业规模，就不能不朝发展新事业前进。

因此我想请教您，如果要朝新事业发展，决定进退时应该依据何种标准？

【塾长回答】

不做无关的事

我想，我很难只用一句话来说明这些基准。当然，就像你已经察觉到的，中小企业如果想要扩大规模，只有朝新事业和多元化发展，尤其是在已经饱和的市场，更是有必要这样做。

就我而言，我一直只从事与本行相关的行业，所以当我全力进攻时，随时都可以得到充分的后援补给。因此进攻时，我可以彻底使用“黏着的战术”。虽然我也曾从市场上撤退过，但是与发展的新事业数量相比，撤军的比例可以说非常小。

因为所属的业种不同，或许我无法给你正确的意见，但是我自以前开始，每当处于发展新事业之际，就会对属下提出“别去发展离本行太远的行业”的告诫。

这句话的意义何在？因为，经营事业事实上还是需要专业知识和经验，不管你多么努力，如果不能深入了解这项事业的专业知识，你是无法成功的。如果工作经验不足，做起新的工作也会很吃力。如果新事业的性质贴近你本来的行业，那么就能活用原有的知识，即使比较缺乏经验，我相信成绩也不会差太远。

我建立企业基础时总是告诉员工，“别单单用一块石子丢，要用系着绳子的石头打才行”。所谓的石子是指“不熟悉的工作”，别太轻率就进入自己不熟悉的事业领域，很容易失败，等你回神注意问题时，可能大势已去。就在那时，你的竞争对手经验丰富，知道“等猪崽长大了再下手去抓”，于是等到你出现漏洞的好时机，就可以坐收渔翁之利。而你，一失足正好成为被捕的猎物。

我认为，中小企业如果想在新事业领域成功，其首要的秘诀就是要拥有领先的技术，从彻底磨炼出超前的技术踏出第一步。我认为一定要非常清楚自己的领先技术、特征、强项才行。例如练习柔道，如果过肩摔是自己的领先技术，那么就要做到，只要在地板上一尺的地方，就能施展你的技术，练到这种程度才行。如果你是女装的制造商，面对任何商品，无论是从功能、设计、商品管理中哪个角度进行比较，都不可以输给同业。还有，如果营业能力、销售能力也比其他厂商强，将是件好事。

接着我想强调的是，“发展新事业，必须在得意技术的延长线上决胜负”才有胜算。例如由上一代就开始销售的商品，顾客群已经相当稳定。如果并没有特别企划，也不具有营销能力的情况下，就往新市场推出新商品，可能会无辜被火烧伤。我认为，如果你的上一代设计出的款式已经很好，受到欢迎，你应该守着既有的商品才对。如果你的员工已经努力研究出某些特定商品的销售方法，而且相当自信，这时候再开始朝新事业发展，不是更好吗？

此外，你希望我给你撤退时的判断基准。我想首先你应该对不能赚钱的事业，思考为什么这个事业无法赚钱。很多中小企业的经营者总是说“有钱赚和不赚钱的事业，我的就是那种不赚钱的工作”。但是我认为，不赚钱的行业不会有人做，谁也不想做，但也没有那种一投入就马上赚钱的新事业。

我认为在准备策划新事业时，一定要在充分模拟之后，才能正式开始工作。不论是业务部或子公司，本来就不应该发生做不好的情形。做不好，主要就是因为领导者不去思考做不好的原因或不肯去修正，不管怎样，我认为领导者责无旁贷。因此担任新事业部经理或子公司的领导者，必须拿出非常的手段来工作才对。

当你将流行品牌交给部门领导负责时，一定要先检查品牌的优点、强项是否能够被激发出来，而这位负责新品牌的部门领导者，必须拥有能够让品牌活化的才华、自信与营销才能。如果对方只固守着几样商品，无法让品牌全面展现活力，或将重点放在销售其他的商品上，就不可能让品牌活起来。这样的领导者眼光过于狭隘，只要让他的视野变得宽阔一些，或许就可以找出让事业开展的活路。总之就是要找出原因，把部门领导者逼到前所未见的悬崖上，仔细观察他能被激发出多少力量。

但是也有用尽一切手段仍然不行的时候，有时无法创造利润，有时客观情势真的很难应付，还有找不到既有才能又有敏锐感觉的领导者。一定有这样的时候吧？这时最好拿出勇气，果断地决定撤退。

进攻时，谁都可以发号施令，但是撤退时只有总经理才能担当此任。理由之一当然是面子问题，还有方才提到的，撤退的决定应该是在总经理已经彻底觉悟之时，才能做的决断。特别是处于经济不景气、总公司组织又不健全的情况下，下决定时一秒钟也不该迟疑，因此即使想撤退也需要勇气。

最后根据我的经验再补充一点。我认为“对事业如果还留有一丝不安，而且怎么也拂不去，应该趁早结束才好”。例如，无论你聚集了多少条件，只要心中还有拂不去的乌云，即使万事俱备也是无法成功的。

这样的主张好像与永不放弃的精神有所矛盾，事实上针对事务强调永不放弃，无论物质上或精神上都有压力。因此除非潜意识中有此事一定会成功的信念，否则将很难坚持下去。

当我创立第二电电（DDI）这家企业时，身为领导者的我确信它一定会成功。因为这样的信心完全没有疑云，永不放弃的信念也始终不变，即使周遭的人认为已经不行了，我内心依旧清楚明白。

【塾生提问之五】

开发新商品的着眼点应放在何处？

敝公司经营的是合成纤维织品制造。我于大学毕业后，先到商社学习贸易实务，之后进入这家公司，目前担任总经理职务。

我想请教您有关开发新产品的要点与开发之后如何开拓市场的秘诀。

最近我们利用在美国拥有专利权的技术，成功地开发出特殊的织品。通常的织法都是纵横九十度的交叉之法，我们的制品是正三角形织法，也就是用三股线做六十度的交叉的方式织出制品。就效果而言，这种纺织品比任何织品都耐用、耐冲击，具有超强的拉力，而且非常轻盈。美国人利用这些特性做成卫星天线、运动鞋、喇叭纸盆等。我认为除以上制品之外，还可以运用到更广泛的范围。

或许是我个人对顾客需求的嗅觉不够灵敏，我无法找到更好的销售方法，将此产品推荐给顾客。技术人员看到之后都很感兴趣，但是因为使用新材料，所以价格比较高，因此顾客的反应都偏向保守，怎么说都不愿采用新材料。塾长曾经将陶瓷这种材料应用在各种不同的产品上，因而展开生意。因此请就如何判断材料应用领域与扩大市场的要诀，给予宝贵的指导。

最后，如果扩大材料应用领域与市场的任务顺利完成，我也想将此材料推荐给美国企业，因此也要请教您，针对向来喜欢追求新技术的美国企业，有何战略可用?

【塾长回答】

四项创造

你的问题是有关如何扩大材料的应用范围，并且由此制造出商机。我自己曾经开发出精密陶瓷，并不断思索如何应用这项技术，展开相关的业务。因为自己也有过类似的历史，我觉得你的问题十分有趣。

首先我想告诉你的是，你应当让研究人员或大学的教授，彻底调查出你所开发的新产品的特质，也就是制品的物质特性。彻底调查制品的特质、特性之后才能彻底了解。最重要的是你必须非常了解自家制品的优点、强处，并去了解如果将材料换成棉或合成纤维，甚至碳纤维、光纤、陶瓷光纤，或是单结晶体的光纤晶须（晶须是一种直径为零点几至几个微米的针状单晶体纤维材料）时，效果又是如何，这也有必要知道。

就我而言，当初我是把重点放在陶瓷具有的高周波绝缘性上，然后开发产品，接着再以绝缘材料的特性，针对小家电制造商，销售我的产品。但是当我将产品再度拿来研究时，我发现陶瓷不但具有仅次于钻石的硬度，而且耐热性极佳，抗药性也特别强，因此我再度彻底调查其特性，然后朝耐磨损、耐热、耐药品产业领域发展我的事业。

下一个阶段的工作是“找了解产业技术的人讨论”。这些人所熟悉的并非只是杂学般的知识，而是由工业制品、民间必需品到家庭用品，全盘了解制品技术结构的人。“犹如向钓鱼专家询问垂钓的重点一样，要就制品的优点询问专家有哪些用途可以开发。”“犹如向钓鱼专家询问垂钓的重点一样”，是指询问专家在什么产业的哪些部分可以用到。例如，如果以钓鱼来比喻，重点将包括：在河川垂钓的重点为何？鱼的种类有哪些？应该用哪种鱼饵？等等。

但是，事实上到目前为止，你已经遇到某些挫折，也正为此感到烦恼。就像走到有鱼的地方，也在钓竿上装上鱼饵，总之，已经兴致勃勃地带着新产品到对方跟前，并努力为对方解说，但是他就是不理会你的游说，就如不吃饵的鱼，因此你认为“技术人员都是很保守的”。

这个问题我本身也经历过很多次，我承认技术人员的确是保守的动物。因为万一采用新材料之后产生问题，技术人员绝对责无旁贷，必须扛起全部的责任，所以当然不会轻易下决定。当你前往说明时，到底有没有人对你的说明表现出兴趣？我相信只要是技术人员，一定会洗耳恭听。虽然是开玩笑的话，但是我相信当中如果有那种苦着脸、抿着嘴并将头转到另一边的人，这个人一定是最优秀且握有决定权的人，当然他是不会轻易更换材料的。

因此我曾经用过“在对方的技术阵营里找同伴”的方法。当我前去作制品说明时，如果与会者当中有一个人发出“是这样的啊”的声音表示赞同，也就是好奇心胜过慎重个性的人。总之，说好听一些就是头脑比较好，心情比较轻松的人。或许就可以请这个人喝杯酒，然后私下告诉他“事实上，我发现你对我的产品好像有兴趣”，如果他表示“那样产品很有意思”，可以请他担任帮腔的角色。

于是我这样对他说：“我想就这项材料与你一起掀起一场革命，问题是如果找不到相信我们的人，革命就搞不成，因此我想和信任我的你一起做。”总之，就是找出喜欢这样新制品，能够为此制品付出热情的技术人员，主要是用他来扮演被说服的态度保守但却拥有决定权的人。

虽然我曾经成功过，但是就现实而言，这个方法并非轻易就能成功。对我而言，我的钓场最初是设定在电子业，先成功地让一家大企业采用我的制品，然后再拿这项成绩，意气风发地寻访小家电业者。结果他们虽然都表示有兴趣，但是却一直不愿采用我的制品，理由在于京瓷只是一家零星小企业。例如以“我们不能用去年才刚成立的企业生产的材料”为借口拒绝我。总之，在谈到技术之前，他们已经先用公司没有信用的理由拒绝我了。

有件事我一直无法忘怀。有一年的深冬，我到日本本州岛北部的企业去推销绝缘材料。在南方成长的我，必须在不习惯的雪地上跋涉，雪渗进皮鞋，我的脚感到非常冷。好不容易找到这家公司，结果在门口就遭到了拒绝。他们对我说“我们不要那种连名字都没听过的公司的制品”。那时脚又痛，肚子又饿，虽然感到对方怎么如此无情，但是没办法，还是只有拖着疲惫的身子走回火车站。当我看到候车室里有一个煤油暖炉时，心想“啊，有救了”，赶紧跑过去取暖。后来，我感觉好像闻到一股焦味，低头一看，发现自己大衣的下摆已经着火了。这样的遭遇我也曾经历过。

因此我决定改变我的钓场。我已经了解哪些业界会用我的产品，也知道他们对这项材料感兴趣。问题是公司太小，他们不相信我的技术。我想，京瓷是冒险的事业，最适合的市场应该是只要东西好就会买的美国。于是没有任何推荐或介绍，只是活用工作经验，开始调查所有的重点，并仔细推敲什么饵最好用，然后就直接跑到美国的大家电厂商去推销我的制品。美国企业与日本企业不同，他们的态度是“检验出好的效果，就给予好评并购买，而不管企业的规模”。因此，慢慢地，我的产品在海外市场的销售就成功了。

接下来我想就企业发展所需要的“四项新的创造”的观点，进行补充说明。

我也认为，能够让企业发展的只有创造，当然开发新产品也是创造之一。我认为创造应该可以细分为以下四种创造：“创造新需求”“创造新市场”“创造新技术”“创造新商品”。但是这四种创造并非独立无关，而是浑然一体的存在。例如就你而言，可以将成功的技术创造连接在商品创造上。如果能接着唤醒消费的需求，就会再连接上市场的创造，如果不能做到这一步，那么技术的创造，对企业的发展也不能产生实质上的帮助。

以前我就预料，假如电视与广播的时代来临，世界上一定会需要高周波绝缘材料，因此开始研究精密陶瓷。之后我将此技术应用在显像管中作为绝缘材料，然后让企业界使用，结果十分成功。这可以说是在考虑研发出来的陶瓷的用途之时，所创造出来的新需求。

接着就在日本国内与世界各地寻求销售渠道，开始“创造新市场”。然后，同时到新市场依照客户当中的技术人员的要求，重新展开“创造新技术”行动，并依据对方的需要从事“新商品的创造”。也就是说周而复始地从事两层、三层的创造。事实上京瓷能有今日的成就，就是源于不断重复进行“四种创造”，重复到创新已经变成全体员工的习性。

这种习性的最后成果就是开发出新产品——多层IC封装。大家都知道，随着半导体零件的世界由真空管、电晶体到IC，陶瓷的用途也越来越复杂。尤其是IC所要求的技术，几乎是打破陶瓷有史以来的概念，也是用粉末混搅之后烧成容器的电晶体时代的技术常识所无法想象的东西。

我们的习性是在不断紧密操练下形成的产物，有了这个产物以后，很自然地就把难题当成上天赐给我们的礼物，每天都比客户更加努力地工作。我们也因此创造了很多划时代的技术。

例如，如果将金属氧化物的粉末，混合到具有黏着性的有机溶剂里，就可以变得像口香糖一样，这就是制作陶瓷板的技术；如果在薄片上应用绢印技术就成了利用钨印制的电路的丝网印刷技术；如果将做好的陶瓷板重叠就是制作基层构造的技术；以及如果将印刷好的集成电路模式放在由氮与氢混合的气流中，就形成了与陶瓷一起在高温中烧成制品的技术。

这项技术做成的制品，目前已经成为高级个人电脑使用的主流半导体，而京瓷提供的产品量占全球需求量的七成。光是这项制品创造的营业额规模已经超过1000亿日元。

我认为，世间一定有可以让自己所拥有的技术或商品表现的舞台，有必要善用这种利基（niche，商业用语，指针对企业优势细分出来的市场）。只要让这种利基一直往前延伸，利基内蓄积的“四种创造”就一定可以让你的企业一路往前发展下去。

第六章

创造强有力的组织

（盛和塾纪实）

塾长：盛和塾的“例会”（研讨会。——译者注）与“二次会”（聚餐之后的聊天会。——译者注），都具有美好的气氛。那真是很好的氛围。我想是因为具有美好品质的人相聚的缘故，因而产生这美好的磁场吧！

自从我举办盛和塾的例会以来，从来没有感到过不愉快。虽然有时候自己非常疲倦，每次得用尽心机找话题，辛苦与痛苦让我感到主办聚会很辛苦，但是从来不曾出现过厌烦的感觉。

我想既然盛和塾继续主办，我就必须真心诚意将与会的各位当成我的“对手”（学生）不可。事实上一小时的演讲，在餐会当中，我根本没时间吃饭。今天事务局的局长留意到我的情况，于是对我说“这样会影响身体健康，至少吃点面再说吧”。等到我很安心地吃面时，他立刻接着说“塾长请吃快一点，接下来请面对大家讲话，大家都已经排好队了”，而且每次都是吃面而已。我正想着“等一下”，他接着又说“‘二次会’也请你出席一下”，各位别笑，这可是真实的情况呢！

不过没关系，我很好。在例会中听大家讲话，从经营会议中也可以学到许多东西。像这样大家并肩坐在一起促膝长谈，一边喝酒一边聊经营与人生的话题，这样也可以学到东西。因此，我从来不曾讨厌这种聚会。

然后，口里说着“自从上次看到你之后，我的人生变了”的人出现了。而且这些和我相似的经营者提供的体验，也让我获益良多，能听到这样的话真是令人开心。

我想一定是大家的磁场相近的缘故，心性相同的人聚集在一起，气氛自然变得很好，大家的快乐聚集变成一种磁场。这样的磁场非常重要，京瓷的人都非常重视这种气氛。

对不起（我太多话了），大家继续喝酒吧！刚才说“有问题”的人回去了吗？

【塾生提问之一】

京瓷的 KONPA 是什么样的聚会?

以前我曾听京瓷的干部说:“无论塾长的身体状况多么差,即使差到看医生打针,也一定会出席员工的 KONPA(聚会之意,源自德文的 Kompanie、英文的 company 与法文的 compagnie。——译者注),而且总是一直讲到最后一个人离席他才离开。”

我很好奇京瓷的 KONPA 是什么样的聚会。我想,应该是以员工交流为出发点的聚会吧!

【塾长回答】

以心为基础

没错，就像你提到的，京瓷公司的KONPA就是以员工交流为原点的聚会。当然这也是我认为他们工作很辛苦，想让他们借以打开心扉的聚会，喝杯小酒，在温馨的气氛中，大家聊聊未来的人生怎么过，彼此鼓励对方努力向上，可以说这是“京瓷派”的作风。

因此，京瓷的KONPA可以说是非常认真的聚会。那种只是吃肉喝酒，喝到忘了自己是谁的酒会是最下等的聚会，我们对这种人不欢迎，因此自然形成了一种良好的氛围。磁场不合的人自然会远离。

但是我们绝非苦酒满杯的聚会，“今天大家辛苦了，请喝点美酒，虽然只有清淡的乌冬面，但请大家尽情享用”，我总是先说这样的话，然后大家带着微笑喝酒。喝到一半，我如果有话要说，就说“稍等一下，我今天有新发现”。我一出声，大家就很认真地听我说话。即使如此，当我说完了话，“来吧，请继续喝酒”。有人话一出口，气氛就又变得非常轻松。大家都很坦诚，这就是京瓷 KONPA 的原点。

“今天我犯了大错”，有人利用机会谢罪。“今天我对你说话时，你给我不以为然的脸色，为什么”，有人想沟通想法；也有人不讳言“你现在的想法是错的”，然后很认真地挑起一场人生论战。

当然也有另一种批评，“总经理说那么多话，还不是要我们多努力工作，公司才能赚更多的钱”，像那样把一切事物都往坏处想的人也是有的。即使在会中挑起人生论战，也有人就是跟别人不一样，很难沟通的人也会出现在聚会中，因为京瓷的 KONPA 原则上是全员参加的。对这种虚无且个性阴沉的人，有时我会直接说“喂，小伙子，考虑一下吧，我们想要更开朗的员工，我也很开朗呀！像你这样阴森森的让我感到很烦恼哟！”因此，通常在聚会过后第二天，无论你头脑多好，也会因为有人请辞而突然变得笨拙。

当大伙儿喝酒的时候，打开心胸把话说开了，总经理的人品、员工的人品全都显露出来了。

就是这样，大体上从喝酒的样子就可以反映人生，如果喝酒只有一种方式，这个人无论怎么做都是朝堕落前进的。

不过还是有使人向上进步的喝酒方式，敬上一杯酒，趁着对方打开心胸时，可以和他谈谈人生是什么、人应该如何活下去之类的话，如此一来对方就有可能改变。因此喝酒不只有好玩、奇怪和吵吵闹闹、忧伤或让心胸开朗而已，应该是越喝越认真，能够彼此谈论更贴身的话题才对。像这样喝酒不是很美好吗？这就是京瓷 KONPA 的真相。

塾生：我听说你的企业有非常多的员工，请问你如何为这么多员工，运作像今天这样的聚会？我的公司有300名员工、25个营业所，已经到了我能运作的极限了。

塾长：诚如你所想的，根本不可能做到。因为再也无法办了，于是只好用代替的方式，把我的人生观、哲学编成京瓷哲学，彻底教给干部之后，再让他们担任我的分身，在各个部门传达我的哲学或代替我出席聚会，因而公司仍然运营得很顺利。

也因此，当我以义工的身份参与盛和塾的运营时，我的员工纷纷责备我，他们抱怨“总经理几乎没时间跟我们相处，却有时间到别处演讲”。

但是我认为就你的公司规模来看，如果要组织全体员工的 KONPA，唯一的理由就是提升员工的士气。

这让我想起，当我公司还是拥有 1000 人左右的规模时，所有部门员工的年终聚餐我日复一日地参加，能够让我马不停蹄去参加的原动力，就是“至少每年一次，一定要到最底层的员工跟前，和他们促膝长谈”这一个念头而已。

就因为这样的活动，公司内才出现共同享有企业哲学的气氛。也就是“只要是与那个男人一起工作，再辛苦我都愿意忍受”的气氛。就是这样，原因并非我的大道理或是技术。

你应该是继承事业的经营者吧！不可以忽略这些事哟，没受过什么苦，拥有这样多的事业不是很幸运吗？只付出一点点就觉得辛苦的话，根本无法忍受真正的苦，干脆回到地面算了。我想说：“你还是在原地打转呢！”

你必须利用聚会，将你的思想灌输给那些尊敬你、愿意跟随你的员工。你要制造的是你自己的支持者，而不是你父亲的。讲得更明白一点，也就是信徒，KONPA 就是扩充信徒的手段，这样想也是对的。

虽然有点画蛇添足，“赚钱”这两个字，可以和信徒相提并论，因为制造信徒就可以赚钱。

这样说好像很严苛，请原谅我的直接，我的话到此为止。

【塾生提问之二】

如何体验出能燃烧的斗志？

我也是你方才口中所提到的，茫然的继承人，也是典型的第二代经营者。我一直用塾长教导的“经营十二条”作为指南，努力从事我的经营工作。但是，目前在十二条当中，我最欠缺的就是“炙热的斗志”。对从来没受过挫折或经历压迫的人而言，只能用头脑体会“不论哪种格斗技术，都需要强烈的斗魂（即斗志）才能奏效”。就算努力揣摩，还是觉得自己无法真正体验出真正的斗志是什么。

【塾长回答】

持有责任感和社会性意义

精于武学的格斗专家当中，有些人本来就具有“好胜”的个性。但是我想说的斗志并不是那种粗鲁的斗志，而是像母亲身上拥有的斗志，当看到自己的孩子被攻击时，母亲总是毫不畏惧地站出来向敌人挑战！就是那种斗志。

在某一部影片中，我看到老鹰袭击鸟类母子时，感到非常诧异。通常凶猛的老鹰一定以弱小的雏鸟为攻击对象，而母鸟为了保护儿女不被捕获，发出很大的叫声，以此引起敌人注意，宁可牺牲自己也要拯救儿女。即使在看起来优美无比的动物世界，母亲也是具有父亲所没有的斗志，用非常的勇气与斗志帮助自己的子女。

我所说的斗魂，就是具有像子女一样的关怀对象，然后因为必须对他们负起自己的责任，因而发挥出所谓的斗志。我认为若要培养出斗志，首先需要找到自己需要负责的对象才行。

斗魂原本就跟在富裕家庭出生的老小、从没吵架经验的你距离很远。但是，突然有一天你变成了经营者，发现自己拥有一群员工子女，想到如果公司濒临危机，就算流血也要拼命保护他们，我想就是基于这样的情况，你才能产生斗志吧！

不过有趣的是，虽然你只是富家子弟，看起来不怎么可信赖，但是真正吵起架来很可能比那些懂得吵架的人，或背上有刺青的流氓还更令人不寒而栗呢！不管被打或受重伤，还是挺直身子向前应战，让人感到恐怖。总之我想说的是，吵架靠的不是腕力，而是胸襟。

这是自己的公司，是承袭自父亲的公司，是对员工、客户都很重要的公司，更重要的是，这是一家与别的公司利益攸关的公司。能抱着“我们怎么可以输给那些不讲道理的家伙呢？即使牺牲我的生命，我也要保护公司”的心情，胸襟自然就形成了。

所以单凭力气是无法锻炼出斗魂的。然而，只要对公司、员工抱有着责任感或对社会的意义，你的胸襟就存在了。

经营者的勇气毕竟不是一种匹夫之勇，因为如果不是个性慎重、深思熟虑之人，也无法担任经营的责任。但是这样的人往往又充满恐惧和欠缺勇气。所以具有慎重个性的人，如果能为了公司而有所觉悟，敢进入虎穴，就可以练就出勇气，成为真正的经营者。事实上，我就是用这种方式在锻炼我所有的部属。

经营十二条

第一条　明确事业的目的与意义

行事应该光明磊落，行大义，尽本分，树立崇高目标。

第二条　设定具体目标

设立的目标要具体安排落实到每一名员工。

第三条　胸怀强烈的愿望

要抱有渗透到潜意识的强烈而持久的愿望。

第四条　付出不亚于任何人的努力

枯燥无味的事务也决不懈怠，一步一步，脚踏实地，孜孜不倦。

第五条　销售最大化，费用最小化

与其追逐利益，不如从结果出发，量入为出，利益会随之而来。

第六条　定价即经营

定价是领导者的工作。既能让顾客高兴，又能赢利，这是定价的关键。

第七条　经营取决于坚定的意志

企业经营需要愚公移山的强大意志力，百折不挠，不甘服输。

第八条　燃烧的斗魂

商场如战场，厉兵秣马，驰骋沙场，骁勇善战，斗志昂扬。

第九条　临事有勇

经营者若行事懦弱，就搞不好经营。

第十条　不断从事创造性的工作

十年如一日地重复劳动，一成不变，不会有什么发展前途，要日积月累地推进创造性工作。

第十一条　以诚相待，诚实处世

倘若没有体恤之意，正直之心，一定会导致经营不善。

第十二条　乐观向上，心存梦想，怀抱希望，胸襟坦荡

【塾生提问之三】

如何接纳年轻人的价值观？

就在您提到真正的勇气之后，我为自己接下来的没有魄力的问题感到不好意思，因为我对年轻人的价值观，以及对以家庭为重的主张感到疑惑。用实际的事情来解说，我的干部当中强调“儿子的运动会、女儿的游园会一定要去参加”的人日渐增加。我觉得，最近留意员工的新价值观的冲突，比我的工作量还多。我应该如何看待这个事实，这让我感到很烦恼。

【塾长回答】

将员工的意识提高到经营者的水平上来

我想这个问题，也是目前担任经营者的人的共同烦恼。你问这个问题一点也不需要感到羞耻，因为我想大家一定都想问这个问题。的确，我也认为最近的年轻人具有这样的倾向。但是，我记得 40 年前我成立公司时，具有这样想法的人虽然不如今天这样多，但还是存在。时代已经改变，我不敢认为现在这些话依然适用，当时我是这样告诉员工的。

如果员工多数坚持“在工作时间内我一定认真工作，但是请别让我延长工作时间”，公司会变成怎样？很多人跑来问我这个问题。

例如，你的公司有 100 名员工，如果只靠总经理和五六名重要干部，就算他们对公司的忠诚心再高，也无法靠几个人支撑整个公司。公司里必定会发生一些问题，问题发生时，那些只在上班时间内努力工作的人是无法解决问题的。

你或许认为那些人只要在公司濒临生死关头时，能理解公司的难处并给予协助就够了。但问题是，通常他们只会主张自己的权利，在经营者非需要他们帮忙不可时，他们的行动总是刚好相反。

因此，我认为一家公司的命运如何，就看拥有多少员工能在需要的时候，愿意留在公司加班，在困难的时候，跟着一起努力，愿意协助公司解决问题。我认为，身为经营者有必要做到，把员工的意识水准从员工提升到经营者才行。

也因此，我总是将公司的经营实况，毫无隐瞒地让员工知道。业绩顺利推展时就告诉他们“托各位员工努力的福”；情况不好时就直说“很差”，酝酿出大家一起努力的企业精神，将员工的心情提升到与经营者一样的水准。我就是这样做的。

问题是时代已经改变。想依据付出的工作时间取得相应报酬的员工人数多了。假如企业必须依据这些人的想法作为标准，日本的终身雇佣制度可能就会瓦解。目前有些企业怀疑终身雇佣制度应该废除，就是因为他们公司内部拥有太多持这种想法的员工，导致经营者提出质疑。

如此一来就一定得采用欧美的经营方式，那么向来被视为美德的终身雇佣制、工资逐年上升等制度就不得不消失了。

看起来似乎已经成为定局了。虽然不希望，但是世界已经朝此方向转变，我想京瓷应该是最后一个改变的，我希望到最后一刻来临之前，我们还是由劳资双方协调并且一起努力的公司。决定最后胜负的，应该就是能否将这件事坚持到底吧。

塾生：您的意思是，未来根本不会出现能够为了公司自己做出某种程度牺牲的员工了吗？

塾长：不是。我只是强调，眼前的时代潮流，有些是我们无法抵挡的。

或许是受日本战后教育的习惯影响，即使你抓住那些在学校里根本没学过职业伦理的人，要求他“为了公司应该牺牲自己”，有时也是说不通的。尤其是各位都是继承家业的经营者。因此对员工而言，这句话犹如“为了我家的繁荣，你应该牺牲自己”，因此就算你提出要求，员工也是不会听从的。

不过，我想你可以这样说，“你既然领我的薪水，在我的公司里生活，公司如果不能发展，你们也没有饭吃。因此，请就专业员工的立场守护公司”，接着说“如果客户不喜欢公司，我们的公司就无法经营得好，因此为了客户，请你在必要的时候，周末假日也出席一下，深夜的业务也帮忙做完，这样可以吗？请你以专业的角度，对客户做好服务，这样一来我一定会为你们而努力，尽力确保对你们的雇用”。

首先你必须如此教育你的员工，非让他们培养出有责任感的行动力不可。

为达到此目的，不是要员工为你牺牲，而是你必须先照顾好他们。当然你无法一开始就照顾好每一个人，首先可以照顾重要干部，然后是全部的干部，要能够给予让他们感到以公司为荣的待遇。

经营者希望拥有能为了公司牺牲家庭生活的人，这样的想法并不为过，但是我认为，这样的人才几乎是不存在的。以上是拙见。

【塾生提问之四】

如何平衡家人感情与工作之间的关系？

以前听塾长说“我是个百分之百的工作狂，只知道努力工作，完全没照顾过家庭”这样的话，您是否牺牲了自己的家庭？

【塾长回答】

以大爱为目标

的确，因为只有我一个人工作，为了工作，我几乎从未照顾过家庭。问题是，我的妻子即使是在我半夜回家时，也一定会一直等我。从结婚那天至今，她从来不会不等我就先睡觉。因此，每当我回到家里，例如今天，我一定会告诉她“我今天跟客人去喝酒，遇到这样的事”，尽可能告诉她。“发生这样的事，也发生那样的事”，因为什么都让她知道，夫妻就有同一体的感觉。因为我觉得她也是和我一起工作的人，因此自然会告诉她很多事。

也因此，我的家人才能理解，我为什么那样努力地工作。有了这层信赖关系，所以我在盛和塾才能武断地说：“不可以这样想，如果还有时间考虑家中的事，就无暇工作了。家人一定会了解你的。”

因此我从未感觉到我牺牲了家庭。

事实上，我的女儿曾经告诉过我“父亲您的家庭不只是拥有三四人，因为您拥有几千个‘孩子’，当然我们无法得到您给的所有的爱，我们都理解这些事实”，我认为只要有这样一句话就可以化解所有的误会，我的家人也发现我的爱是大爱了。

但是等到孩子都长大、结婚了，有一天与女儿、妻子，我们一家人在晚上闲聊，大女儿说：“爸爸什么都不知道就说家人很理解自己，其实大家还是有不满，只是没有起来叛变罢了。”由她开始发难，这下问题严重了。

接着，小女儿也说：“有时父亲半夜回到家，让大家都起来，然后开始公司的事。”原来有这样的事……

这下不妙，他们的话带着很强烈的情绪。最后我被指责。“举个严重的例子来说，爸爸之前说过，‘我们的公司或许有一天会倒闭，我们好不容易才买到市政府的国民住宅，这个房子也要拿来抵押，所以可能被查封，因此我非努力工作不可’。这种话对小孩子而言，那是一种可怕的言语，你可能无法想象小时候精神上的惊吓，父亲怎么能说出那么残酷的话呢？”

那时我感到非常诧异。

我一直以为大家都已经理解我，所以跟着我走，感到很放心。事实上并非如此，到那时我才真正理解他们是一路辛苦地陪伴着我。

【塾生提问之五】

您是怎样保持健康的？

我猜想你一定有某种保健法，虽是隐私，不知能否透露？

【塾长回答】

总是阳光的，积极的

没关系，我可以回答。我从未用过什么保健方法，其实我本来就不是很健康。我的身体很差，小学毕业正要就读旧式中学时，还因为得了结核病休学一年，那时只能躺在病床上。

对我而言，健康方法就是让心境维持开朗，其次就是每天都怀着感激的心情生活。我从不会没事自寻烦恼或想些不满的事。总之，我感激上苍让我过着现在的生活。我每天早上醒来，立刻发出“感谢”，接着是“对不起”的感慨，如果犯了错，经常说“神啊！请原谅我”。如果这也算秘诀的话，我的秘诀就是保持光明开朗的心境，因为这样让我经常保持健康。

【塾生提问之六】

成为有名经营者的条件是什么？

我想问您成为有名经营者的条件是什么？

【塾长回答】

喜欢上经营这个工作

夜深了，我想这是个适合作为最后装饰的提问。让我用一个例子开始回答你吧！在我的公司里有一个制作研磨光学镜片的子公司。这是买来的公司，是二战以前就成立的公司，战后经过一再的变迁，最后成了某家企业的子公司，后来又因为被我买下来，因此成为京瓷的子公司。

这家公司自从战后就历经非常艰苦的经营。成为上一家企业的子公司时营业状况是赤字，被京瓷买下之后也还是赤字经营。因为镜片研磨是非常严酷的事业，可以说是“三K产业”（危险、肮脏、辛苦的行业）之最。从捏泥巴开始，工作就非常辛苦，加上经营状况不佳，因此在这家小小的企业里，存在着活动非常激烈的工会组织。它里面有干部组织和专职的会员，可以说是一家工会活动非常热闹的公司。

最初我派京瓷的重要干部，想过去改善经营，结果因为工会活动这个瓶颈，经历两年无功而返。接着我派出和我一起工作 30 年的资深干部前往，没想到大约两年之后，那位干部对我说“董事长，我不行了，员工已经被工会洗脑，怎么做都没有用。请让我辞职，再这样下去我会受伤，连京瓷的工作都想辞掉”，结果是非常疲惫地返回公司。

那时真是困惑极了，因为已经没有其他人选，只好挑选那位干部的部下，这个干部原本是滋贺县蒲生工厂陶瓷研磨部的技术部长，从创业时就进入京瓷工作，并非大学毕业生，是转职进入京瓷公司的。事实上在我的公司中，他不是那种头角峥嵘的干部，而是循序渐进，逐渐被提拔为一个小部门的管理者。

由于陶瓷研磨与镜片研磨的技术相当类似，因此我只说了一句“不好意思，请你到青梅，帮我重建那家工厂”。那个人就奉命去当干部了。

虽然依然持续出现经营赤字，但是就京瓷这条大船而言，那一点赤字根本不痛不痒，没有感觉。

问题是，当他去了 3 年时，我竟然收到这家公司的月报表开始出现盈余的报告。当我称赞他“你表现得太好了”，他回答说“董事长既然让我来了，无论如何都要努力改善这家公司”。

但是我怀疑好景恐怕无法持续，因为刚好遇上日本泡沫经济，订单明显减少，可能无法出现盈余。于是我鼓励他“还要加油”。

有趣的是，经济形势虽然越来越差，公司的盈余却相当稳定，也不再出现赤字。我让他去经营这家子公司，到今年刚好6年。虽然生产规模很小，但是每年的利润率却固定达到一成以上。

于是我把那家子公司另外的干部叫过来，问为什么会这样。

干部说，其实那位被派去的人，只是提着京瓷的哲学上任，以那些不相信公司的顽固员工为对手，不论对方是谁，见到就说“作为人，何谓正确”这套道理。那些认为他是总公司派来虐待他们的、因此对他有敌意的人，反而被他当作说服的对象。他毫不畏惧地到现场，并非告诉他们经营之道，而是告诉他们为人之道。就用这一个要点，向不信服的员工一一挑战。他以前从来没踏出过出生地滋贺县，也没受过很多教育。就是这样，一切就是由一个来自乡下的讲话慢条斯理的男子，对着关东人不厌其烦地诉说开始的。

开始也认为他可能会受伤，有点替他担心，但是，后来却一个接着一个，开始倾听他缓慢的说辞。结局是，连那些原来思想已经完全被工会掌控的干部，在不知不觉间也开始赞成他的意见了。当然也不是如此简单就完全赞同他，而是慢慢改变的。其实公司能够出现盈余，就是员工们改变对人生的看法所带来的结果罢了！

但是最令人惊讶的是，当我踏入工厂时，员工们抬起头，脸上挂着微笑看着我，表情就好像长年等待的父亲终于回来相聚了。还有工厂整理、打扫得非常干净。当然是不花钱的，因此墙壁还是有点斑驳老旧，只是没有一点垃圾或灰尘。

他一点也不自满或故意夸大，只是对我说："董事长，感谢您给我这么好的工作，我不知道如何表达我的感谢，想谢谢您却找不到方法。"我以为他谢我是因为让他找到努力的目标，公司也出现盈余，身为业务董事的他感到光荣所以特别高兴。因此就故意问他"为什么呢"，没想到他却说"我想对您说'谢谢'，因为您让我了解，原来经营是这么有趣的事"，"以前我总以为除了工作以外，还有很多有趣的事，现在尝到经营的真味以后，发现已经没得比了"。

听到这番话之后，我已经不知所措，于是脱口而出"就经营而言，你已经是尽得真传了"。

员工家属写了感谢函给他，他念出来给我听，然后说"我知道自己的方向并没有错"，因此具有更深的自信，更进一步掀起员工的意识革命。就像我进入工厂所见到的景象，他建造了一个很好的工厂。在这里，我想把这封员工家属写给公司干部的信念给大家听：

执行董事钧启：

无论向您致多少谢意，我想都是不够的，谢谢您。

我的丈夫以前一天到晚参加工会运动，事实上在家的时候很懒惰，连孩子都认为他是个笨蛋。但是自从您来了之后，我丈夫的眼神就改变了。早上很早就到公司上班，晚上工作到很晚，回到家时讲话的内容也都改变了。

看到他的改变之后，最近孩子们开始尊敬他。以前因为孩子看不起父亲，我感到很悲伤，但是最近他们看到父亲的行动，已经开始崇拜父亲了。

因为家中的父亲越来越充满活力，这个家也越来越有活力了。当孩子们开始尊敬父亲，家庭的气氛就变得很开朗明亮。真不知道如何对您说谢谢。

诚挚地祝福！

这位干部无论遇到多辛苦的事，晚上工作到多么晚，他都说工作是件快乐的事，经营也是快乐的事，因此可以乐此不疲。经营这种事不快乐是不行的，我自己也一样，能够做比别人更多的工作，就是因为我觉得经营很有趣。俗话说："因为醉心，所以拿手。"因此，经营不能是痛苦的工作。无论你是第二代或是第三代，甚至开始并非出于自愿而接掌公司的经营，既然接了就应当喜欢这个工作才行。

喜欢之后又该怎么办呢?那就应该完全专注在工作上。不够专注，就很难喜欢这份工作。因此无论是什么工作，都要全力以赴一心一意去做，事成之后，就会产生极大的成就感和自信心。在不断反复的过程中，会越来越喜欢工作，付出再大的努力也不会感觉辛苦，因为努力的结果是带来更大的成果。

假如成为有名的经营者真的有所需要的条件，我想那就是喜欢眼前所从事的工作吧!因此，我的答案是:全心全意专注在你眼前从事的工作上，这是唯一的条件。

延伸阅读

稻盛和夫一生都在贯彻“作为人，何谓正确？”，在这过程中，领悟出了“京瓷哲学”，而这种经营企业和度过人生的正确方式正是《思维方式》一书的核心。稻盛和夫用“京瓷哲学”这盏明灯，在自己人生的各个重要阶段都做出了正确决断。在稻盛和夫诸多判断中，备受关注的正确判断，正是拯救了破产的日航，《日航的奇迹》是转化“京瓷哲学”的完美案例。

《付出不亚于任何人的努力》

稻盛和夫不仅讲到“以身作则、身先士卒”等古今中外都有共识的领导黄金法则，更是将手法与心法相结合，指出成为领导者所需要的要诀及修炼路径：思维方式、付出不亚于任何人的努力、利他行善等。

《心与活法》

稻盛和夫历年在盛和塾的演讲实录精选，集结成十二篇深具启发性的文章，阐述“心态”“思维方式”对人生与经营的重要性。

《京瓷哲学：人生与经营的原点》

稻盛和夫说，本书是我的“想法”和“活法”的原点，汇集了我八十多年来的经营活动和人生旅程的精华。我衷心希望本书不仅对商业人士能起到帮助，还能对其他各行各业的人们，譬如教师、学生甚至家庭主妇起到“人生指南”的作用，祝愿本书能够帮助各位读者获得充实的经营成果和人生收获。

《思维方式》

思维方式决定人生方向。稻盛和夫首次精讲“成功方程式”的核心要素——思维方式。心灵与行为高度融合的指导。企业经营与心灵管理的经典指南。

《日航的奇迹》

稻盛和夫：为了重建破产的日航，我带着自己最信任的大田作为助手一同前往。本书不仅原原本本地记录了日航重建的整个过程，而且完整地阐述出了其中蕴含的经营和人生的真谛。

《利他心》

稻盛和夫在《活法》中谈道：“利他本来就是经商的原点。”在稻盛和夫看来，无私是一种强大的领导力。作为一名领导者，要想将一个企业或者组织凝聚起来，使其获得成长、发展和壮大，就必须具备不畏自我牺牲的“利他心”。

识别二维码，
了解更多作品
电话：18613361688